JN452368

디지털시대에 부상하는 PM 사용법

흔한 질문, 그러나 명쾌한 대답

프로젝트 발주기관의 필독서

PMC 서비스 공급자 전략 수립의 나침반

서울대학교 건설환경종합연구소

대한경제

추천사

공학은 언제나 '1+1'는 '2'가 정답이다.
하지만 메가 프로젝트에서 PM은 '1+1'을
'2', '11', 그리고 '-1'로도 만들어 낼 수 있다.
메가 프로젝트에 PM의 기준과 원칙은 있지만 정해진 답은 없다.
답을 만들어 갈 뿐이다.
이 책은 그 최적의 답을 찾기 위한 필독서다.

단군 신화 이래 최대 국책사업으로 불렸던 경부고속철도와 인천국제공항건설 프로젝트가 20년전에 막을 내렸다. 22조원이 투입되었던 행정중심복합도시 개발 프로젝트도 마무리 단계에 접어들었다. 국내에서는 더 이상 수조원이 투입되는 메가 인프라 개발 프로젝트는 없을 것이라는 예상이 지배적이었다.

전문가그룹의 예상과 달리 국내 건설시장에 또 다시 조 단위 이상 투입되는 메가 프로젝트 개발 시장이 형성되고 있다. 22.19조원이 소요되는 새만금개발, 28조원이 예상되는 가덕도신국제공항, 10조원 이상이 소요될 것으로 예상되는 제주신국제공항, 대구신국제공항 등이 가시권에 들어와 있다. 1조원 이상 투입되는 메가 프로젝트에서 1%의 시행착오는 곧바로 100억원 이상의 금전적 손실을 가져온다. 10조원 이상이면 1%가 1천억원이다. 미국에서도 막대한 금전적 손실을 경험했다. 미국 역사상 최대 토목공사로 불려졌던 보스톤 시 고가도로 지하화 프로젝트가 당초 예신 25억불이 146억불로 마무리됐다. 공기지연과 예산 폭증은 기술문제가 아닌 프로젝트관리 부실 문제라는 결론이 나오고 있다.

막대한 공공재정이 투입되는 메가 프로젝트를 단기간 내 최소 예산으로 준공시키기 위해서 프로젝트관리(PM) 기술을 체계적으로 활용 할 수밖에 없다. 국내에서 PM 혹은 CM 기능과 역할에 회의론이 끊임없이 제기되고 있다. 인천국제공항1단계 건설의 성공 뒤에는 PM 활용 전략과 사용법이 있었다. 선진국은 물론 해외건설 시장에서 보편적으로 받아들여지는 PM 기능과 역할에 왜 국내에서 끊임없는 회의론이 제기되는지를 이해할 필요가 있다.

이 책은 PM이나 CM 교재가 아니다. 정부와 공공기관이 거대 공공프로젝트를 발주한다. 공공기관이라면 반드시 자신의 역할과 책임을 깨달을 필요가 있다. 국내 엔지니어링사 중심으로 끊임없이 제기하는 PMC 발주 요청도 프로젝트와 발주자, 그리고 공급자의 역할과 책임을 이해하지 못하면 예산 낭비에 그칠 위험성이 높다. 국내 건설산업의 고도화 및 PM 역량 제고를 돕기 위해 경험기반의 지식으로 채워진 이 책이 공공기관은 물론 민간 시행기관에 많은 도움을 줄 것으로 확신하여 추천한다.

서울대학교 건설환경종합연구소

소장 **김재영**교수

목 차

들어가면서

길은 사람이 걸어서 만들어진 것이다.
새로운 길을 만들기 위해서는
아무도 가지 않는 방향으로 걸어가야 한다.

– 안톤 체호프(Anton Chekhov) –

프롤로그

20대 중반에 건설현장 근무 시 레미콘 트럭 배치와 조선소 야적장 도로 파손 복구 작업이 초급기술자가 해야 할 최고의 직무라고 생각했었다. 공학 기술보다 현장 경험 축적이 유일한 직무 역량 습득 경로라는 선배들의 조언이 많았었다. 건설현장을 떠나 원자력연구소 보조 기술자로 근무했을 때 짧은 기간이었지만 연구보고서 작성이 연구자 직무의 전부라고 생각한 적도 있었다. 원자력발전소 토목기술자(civil engineer)가 되기 위한 국내 및 해외교육 과정에서는 내진해석 기술이 공학기술의 꽃이고 전부라고 믿었었다. 국제원자력기구(IAEA)가 개발도상국에 지원하는 4주간 교육과정에서 미국기업 소속 강사가 PM에 대한 기초이론 강의를 할 때만 해도 공학기술 왜 다른 과목이 들어 있었는지 강한 의문이 들기도 했었다. 그때는 시간 낭비라는 생각까지 들 정도로 PM 상식이 일천했었다.

정부가 세운 원자력발전소 기술자립 정책을 실현시키기 위한 전략 수립 과정에서 공학기술 외에 채워 넣어야 할 부문이 PM이라는 사실을 확인했다. 확인은 했지만 여전히 남이 해줘야 할 역할이라 생각했다. 정부도 외국 선진기업이 PM을 해야 한다고 생각했을 정도였다. 원전건설 기술자립에서 PM 전문기술이 절대적으로 필요하다는 사실은 인정했지만 여전히 타인 혹은 타 기관의 몫으로 생각했었다. 필자의 의지와 달리 PM 교육과정에 들어가면서 새로운 세계를 알아가기 시작했다. 미국의 여러 기업들의 경영그룹에 PM 전문가들이 많다는 사실을 알게 되면서 새로운 길을 만들어 갈 수 있겠다는 믿음이 생기기 시작했었다.

국내 원자력발전소 건설 최초로 국내사가 주계약자로 나서라는 정부 정책에 따라 강의실 PM이 아닌 실전 PM 훈련 과정에 돌입했다. 강의실 PM에서는 'project management'지만 실전에서 PM은 'project planning & management'라는 사실이 항상 강조됐었다. 강의실 공정관리에서 공정은 'schedule'로 배웠지만 실전 학습에서는 'planning & scheduling'이었다. 'planning'의 중요성을 아는 것만큼 프로젝트의 성공 가능성을 높일 수 있다는 경험적 확신을 가지게 됐다. 'planning'을 중요성을 알게 되면 자연스럽게 전략(strategy)이 'planning' 의 완성도를 높이는 선행직무에서 속하는 동시에 전략적 사고가 필요함을 알게 된다. 글로벌 기업들이 흔히 사용하는 'strategic planning'의 의미를 깨닫게 된다. 그러나 시중에서 판매되거나 대학 교재에는 나타나지 않는 단어들이다.

44년간의 국내 · 외 경험 축적에서 얻은 PM 지식과 경험을 후진들에게 전수해야 하겠다는 생각으로 책을 만들어야 하겠다는 생각이 들었다. 대학에서 CM과련 석 · 박사과정을 마친 공동 집필자로부터도 경험과 지식 공유가 필요함을 절감했다. 경험 축적에서 얻은 지식과 지혜를 이론 학습으로 무장된 학자와 공동 집필하는 것이 지식 전달에 도움이 될 것으로 판단했다. 정부와 공공기관에서 주문해오거나 국내 산업체 경영진들이 요청하는 전문지식 대부분이 PM과 관련되어 있다는 사실을 매번 실감하고 있다. 산업체는 지식과 경험이 부족함을 인정하면서도 별다른 대책은 세우지 않는다. 일회성 교육으로 그치는 경우도 많이 보아 왔다. 강의실과 연구실, 산업 수요에 너무 큰 괴리가 발생되고 있음을 확인하면서 책으로 제작하여 경험과 지식을 공유 할 필요성을 더 강하게 느끼게 됐다.

22.2조원이 투입되는 새만금개발, 28조원이 예상되는 가덕도신국제공항 개발, 수조원이 예상되는 대구국제공항개발 등 공공시행기관이 어김없이 물어오는 질문이 있다. 어떻게 초대형 사업을 체계적으로 관리할 수 있는 지다. 연이어 나오는 질문이 PM이 무엇이며 PM을 도입하면 공공기관이 가진 문제 해결이 가능한가를 묻는다. 마치 PM이 만능해결사가 되는 것처럼 생각하는 것 같은 인상을 받는다. PM을 도입하게 되면 어떻게 달라지며 역할이 무엇이며 얼마만큼의 예산이 필요한지도 물어온다. 필진이 그랬던 것처럼 PM이 발주자가 아닌 제3자 역할처럼 인식하고 있음을 느끼게 된다. 발주기관과 발주자 고유 역할 중 일부가 제3자에게 위탁되는 것이 PM처럼 인식되고 있는 게 우리나라의 현실이다. PM은 발주기관의 다양한 기능과 역할에 포함되어 있다는 게 경험으로 터득한 진리다. 위탁만으로 해결되지 않는 일이 너무 많다. 메가 프로젝트를 성공시키기 위해서는 발주자와 위탁 PM이 함께 가야하는 2인3각이 필수라는 판단이다.

PM지식과 경험이 부족한 평범한 공공시행기관 소속 임직원이 던질 수 있는 당연한 질문에서부터 PM과 PMC 실마리를 찾아보기로 했다. 교과서적 접근으로는 흔한 질문이지만 대답하기 어려운 현실을 고려하여 최대한 쉽게 풀이하는 방식으로 접근했다. 최근 3년 동안 정부가 발표한 인프라 개발 투자비만 개략적으로 315조원에 이른다. 이 책을 통해 1% 만 투자비 증가를 방지 할 수 있어도 약 3.2조원을 넘어서는 국가재정을 아낄 수 있다는 믿음으로 공공시행기관 눈높이에 맞춰 서술하기로 했다. 발주기관은 315조원을 관리 대상으로 하지만 산업체는 개별 프로젝트만을 대상으로 하는 차이가 있다. 메가 프로젝트의 성공과 실패는 산업체가 아닌 정부와 공공시행기관에 달려 있다고 보는 이유다. 덤으로 기대할 수 있게 해준다면 20 · 30 청년들이 이 책을 통해 국가와 사회가 요구하는 사명을 확인하는데 도움이 되었으면 한다.

흔한 질문

건설제도나 정책 수립이나 공공재정이 투입되는 거대 인프라 개발 프로젝트와 공공 및 산업계에서 빈번하게 일어나는 흔한 질문을 10가지로 정리했다. 이 질문 중 어떤 질문은 국내 거대과학 실험시설 프로젝트에서 실제 빈번하게 제기됐던 질문도 포함했다. 23개국이 참여하는 국제 공동 초거대 첨단시설 건설 프로젝트에 전 세계에서 모여든 물리학자 그룹이 2008년부터 2012년까지 연속적으로 내놓은 질문이기도 하다. PM에 대한 정답은 없다. 오직 최적의 답을 찾아가는 길을 찾아야 할 뿐이다. 독자들이 이 책을 읽은 후 답을 찾아가기를 기대한다.

주변 사람이 이렇게 질문하면 여러분은 어떻게 답변할 것인가?

질문 1 : PM은 무엇인가?

왜 당신은 CM 대신 PM이라는 용어를 사용하는지 묻는다. CM과 어떤 차이가 있는가? 감리와 PM, 그리고 CM이 거기서 거기 아닌가? (1995년 국내 CM제도 도입 시 국내 전문가그룹이 가장 많이 내놓았던 질문이었다).

질문 2 : 프로젝트는 무엇인가?

프로젝트와 사업이 어떻게 다른가? 건설이 곧 프로젝트 아닌가? 도대체 프로젝트관리는 어디까지인가? 기술만 있으면 아무리 큰 프로젝트도 완료 할 수 있지 않는가? (평범한 기술자들이 당연히 던지는 질문이다)

질문 3 : 프로그램은 여러 개의 프로젝트 집합체가 아닌가?

인프라 개발 프로젝트도 PM 전문지식으로 완성 할 수 있는데 왜 필요 없는 정책과 전략이 필요한가? 왜 PM의 종류와 크기를 구분하려 드는가? (국내 PM/CM 전문가 그룹이 흔히 던지는 질문이다)

질문 4 : 프로젝트 성공이 무엇을 의미하는가?

경부고속철도 건설은 성공한 프로젝트인가? 인천국제공항 건설 프로젝트를 어떻게 성공시킬 수 있었는가? 프로젝트 완성 자체가 성공이 아닌가? 원자력발전소 건설은 물론 플랜트 사업은 PM을 쓰는데 왜 일반 공사는 CM을 고집하는가? (여전히 사라지지 않는 국내 전문가그룹이 던지는 흔한 질문 중 하나다)

질문 5 : PM 없이도 프로젝트는 성공할 수 없는가?

내가 하는 업무가 곧 PM인데 왜 별도 PM이 필요한가? PM 교본대로 PMS를 개발하면 될 텐데 왜 전략과 정책이 필요한가? (국내 거대과학 인프라 개발 프로젝트에서 사업단장과 기술부문별 책임자들이 이런 질문공세를 연속해서 펼쳤다)

질문 6 : CM과 PM 중 어떤 것이 상위 역할인가?

1995년 건설산업기본법에 CM제도 도입을 검토하는 과정에서 끊임없이 제기되었던 질문이었다. 1991년 인천국제공항1단계 PM전략 수립 과정에서도 미국에서 학위를 받고 귀국한 학자가 PM 대신

CM을 사용하도록 강력 권고했었다. CM제도 도입 국내 연구모임에서 한글로 '건설사업관리'로 CM을 번역했다. CM을 PM보다 상위개념으로 본 것이다. 발주자 관점보다 계약자 관점으로 CM을 해석했다.

질문 7 : CM과 책임감리는 무엇이 다른가?

용산미군기지 이전 사업의 종합사업관리 전략 수립 자문회의에 참석한 국내 한 단체장과 학회장이 공동으로 '책임감리의 연장선이 곧 CM'이라 주장했다. 종합사업관리 전략서에는 PM과 책임감리가 분리되어 있다는 사실 자체를 부정했다. 계획대비 실적을 비교하는 모니터일 기능과 계획을 수립하는 종합사업관리자의 역할 및 책임을 동일하게 본 것이다. '검토 혹은 확인'을 '개발, 운용, 승인'과 동등하게 본 것이다.

질문 8 : 국내 공과대학의 CM과목을 PM과목으로 개명해야 하는가?

건설업과 제조업이 다르기 때문에 건설업에는 CM이 맞다는 주장이다. 그러나 공정관리 이론인 'PERT'가 잠수함 제조 프로젝트에서 파생된 것을 간과했다. 공정관리라는 용어 자체가 석유 · 화학공장(petro-chemical process plant)에서 비롯된 것임을 놓치고 있다. 왜 국제표준화기구(ISO)가 CM 용어 대신 'Guidance on Project Management'지침서에서 PM 용어를 사용하는 이유를 외면하고 있다. 굳이 CM을 PM으로 개명해야 할 필요까지 있을까?

질문 9 : 연구개발 프로젝트에 PM이 필요한가?

공정관리는 액티비티 개수가 많을수록 체계적으로 관리 할 수 있는데 왜 굳이 공정계획(work plan)을 수립해야 하는가? 현재 개발된 CPM 공정표에 액티비티 개수가 20만 개를 넘었는데 왜 2만 개 전후로 줄이라고 하는가? (약 28조원 투입이 예상되는 초대형 국제공동 프로젝트에서 일본 공정관리책임자와 프로젝트관리 책임자가 불만 가득한 질문을 7개국 대표가 모인 공식회의에서 제기했다)

질문 10 : PM 효과를 어떻게 설명할 것인가?

PM을 도입한 프로젝트와 도입하지 않은 프로젝트에 어떤 차이점이 있는가? 도대체 PM에 왜 그렇게 많은 예산이 필요한가? 기술자격증을 가진 기술사가 PM도 전문적으로 할 수 있는데 왜 PM 전문가를 찾는가?(국내 공공공사 책임감리나 CM 입찰평가 시 기술사 자격보유자를 최고 기술자로 평가하는 제도) 경부고속철도 건설프로젝트의 전 구간 개통이 2001년에서 왜 2010년으로 지연되었는가?

위에 제기된 10가지 흔한 질문에 답변할 수 있는 정도로 원고를 집필하기로 한다. 누군가는 현문우답이 될 수 있다는 견해도 충분히 제기할 수 있다는 점을 고려했다. 보통 사람이면 당연히 제기할 수 있는 문제이기 때문에 전문 용어로 설명하기보다 이야기보따리를 푸는 식인 스토리텔링 서술 방식을 택하기로 했다. 이 책을 읽는 여러분이 대답할 수 있는 수준에 맞추기로 한다.

'시공과 엔지니어링'에서 'PM'으로 전환한 이야기

1976년 여름 국내 최대 조선소 건설현장 방파제 축조공사 현장에 파견되었다. 현장 근무 3개월이 채 안된 시기에 갑자기 서울소재 대학에서 2주간 공정관리 교육을 받고 오라는 상급자의 지시가 떨어졌다. 서울에서 2주간 교육과정을 통해 얻었던 지식은 시점과 종점을 동그라미(●)와 동그라미로 표시하고 연결하는 선이 곧 기간을 나타내는 공기라는 수준이었다. 'critical path'를 만들기 위해 선과 선을 연결하는 것이 곧 PERT/CPM 공정표 개발의 전부로 인지했다. 2주간 교육이었지만 강의실 교육은 1주였고 나머지 1주는 공정관리 S/W(당시 PROJACS) 입력 대기 시간이었다. 컴퓨터가 흔하지 않았던 시대였다. 더구나 당시 교육을 시행했던 대학이 교구로 활용했던 컴퓨터와 프로그램은 CPU(연산처리용량) 용량이 64KB에 불과했을 뿐 아니라 프린트가 연결되지 못했을 뿐만 아니라 저장 장치 조차 없는 PC였다. 하루 종일 한 사람이 가장 간단한 네트웍을 실행해보는데도 모자랄 지경이었다. 대기 시간이 아까워 1주 교육만 받고 현장으로 복귀했다. 현장소장이 공정관리 교육을 받았으니 PERT/CPM 공정표를 개발이 아닌 그리라고 지시했다. 얻었던 지식을 그대로 무게 2천톤 콘크리트 케이슨 제작공정표를 그렸다. 1차 제작 분량이 20개였기 때문에 20번 복제해서 트레이싱 페이퍼에 그렸다. 이를 다시 약 20km 떨어진 외항에 설치하는 공정표를 그려서 추가했다. 공정표를 그리기 위해 제도판을 사용했다. 그려진 공정표를 청사진으로 복사하여 발주기관에 제출했다. 시공계약서에 'PERT/CPM'으로 공정관리를 해야 한다는 조건을 맞추기 위해서였다. 잘 그린 공정표가 대학교재에 모범공정표로 예시되어 있음을 6년이 지난 어느 날 우연히 서점에서 발견했다. 교재 원저자에게 잘 그린 그림(?)을 빼달라고 요청했지만 그렇게 했는지는 확인하지 못했다.

1977년 말 원자력발전소 건설현장 공무와 품질관리 담당 기사로 조선소 현장에서 한시적으로 파견 명을 받았다. 현장에서 현장으로 파견된 것이다. 국내 최초로 시도하는 원자로건물 외벽공사에 슬립 폼(slip form) 공법이 채택되었다. 외벽공사를 마무리 할 때까지라는 단서를 달고 파견되었다. 외벽공사는 콘크리트 타설이 시작되면 21일 24시간 쉼없이 지속하여 시공이음을 방지해야 하는 어려운 공사였다. 외국기술자들이 대거 현장에 배치되어 있었다. 21일 동안 하루 24시간 작업현장에 상주해야 했다. 외국기술자와 함께 현장을 지켰다. 외국기술자는 12시간 근무 2교대였지만 국내기술자에게는 근무 교대라는 단어가 아예 존재하지 않았다. 파트너인 외국기술자가 수시로 책(?) 같은 것을 읽고 또 일기(?)와 같이 뭔가를 매일 기록하는 걸 곁눈으로 지켜봤다. 방조제 축소 건설현장에서 직장 상사로부터 얻었던 지식으로는 기술자는 오로지 '현장소장'되는 길이 최고 · 최종의 목표였다. 외국기술자가 독서(?)와 일기(?)를 쓰는 것을 접하면서 건설 현장에도 새로운 길이 있음을 어렴풋이 발견하게 됐다. 현장소장과 다른 길을 가기 위해서는 공부가 더 필요하다는 사실을 처음 깨달았다. 21일째 외벽공사 마지막 레미콘트럭이 콘크리트 타설 마감을 알리는 신호를 보내는 순간 현장을 떠났다. 원래 현장으로는 복귀하지 않았다. 서울에서 공부를 더 하기 위해 현장을 떠나 임시직 신분으로 원자력연구소에 보조기술자로 들어갔다. 어깨넘어로 봤던 외국기술자의 책이 시공관리 절차서 였고 일기는 공사 및 품질검사 기록 문서였음을 4년 후에 알게 됐다.

1978년 늦은 가을 한국원자력연구원(당시 한국원자력연구소)가 주관하고 국제원자력기구(IAEA)가 시행하는 원자력발전소 기초과정 교육에 참여하는 기회를 얻었다. 당시 미국은 물론 세계원자력발전소 건설 시장에서 독보적인 기술과 경험을 가진 기업 소속 강사가 발전원리와 구조해석 과목을 강의했다. 건설현장 공사에 익숙해져 있었던 탓이기도 했지만 강의를 통해 얻었던 지식은 엔지니어에게 새로운 길이 있음을 깨닫게 되었다. 교재를 여러 차례 반복해서 읽었다. 아예 암기하려고 까지 했다. 원자력연구소 옆에 있는 대학 · 대학원(당시 서울대학교공과대학, 현 서울과학기술대학교) 원서 제출을 한 동안 고민했었다. 석사과정 입학이 문제였지만 학비 조달이 더 큰 걸림돌이었다. 진로를 고민하던 차에 원자력발전소 종합엔지니어링 전문기업을 정부와 원자력연구소, 그리고 미국적의 한 회사가 공동으로 창립했다. 연구소 임시직 기술자에서 신설 기업에 정식 직원 발령을 받았다. 대학이 아닌 실무학습 과정에 돌입하는 계기가 되었다.

1979년 초부터 국내는 물론 해외기업에서 원자력발전소 종합설계엔지니어링과 구조해석 교육 · 훈련을 받기 시작했다. 당시 정부가 원자력발전소 기술 국산화 및 자립을 정책적으로 추진하고 있었다. 구조해석의 꽃이 내진해석에 있음을 알게 됐다. 구조공학부에 발령받았던 7명 모두

내진해석 교육에 매진했다. 18개월 간 국내 및 해외기업 파견 교육 과정을 마친 필자에게 주어진 첫 미션은 화력발전소 콘크리트 연돌(굴뚝 높이 150m) 설계였다. 그때까지 국내에 건설된 모든 화력발전소 연돌 설계는 일본기업의 독무대였다. 일본이 전담했던 설계라 주변에서는 필자의 첫 도전을 불안하게 봤다. 직장 상사는 웬만하면 일본기술자에게 맡기라는 요구를 했다. 대학의 학부 전체 교육보다 더 많은 시간동안 집중 교육을 받았던 덕분에 구조설계 기술에는 어느 정도 자신이 있었다. 설계용역 계약에 구조해석 외에 공사 시방서 작성이 포함되어 있음을 뒤늦게 발견했다. 수직연돌에 대한 설계 및 시공경험이 없었던 필자에게 공사 시방서 작성은 구조해석보다 훨씬 어려운 숙제였다. 원자력발전소 원자로 건물 외벽공사에서 얻었던 지식과 경험을 최대한 발휘하여 슬립 폼 공법을 적용한 시방서를 작성하여 건설현장에 제출했다. 원자로건물 외벽공사에 적용했던 슬립 폼 공법을 화력발전소 연돌공사에 적용한 시방서였다. 설계한 도면과 시방서대로 공사가 진행되는지를 모니터링하기 위해 수시로 건설현장을 방문했다. 도면대로 시공 규격은 맞추고 있었지만 공법은 시방서와 전혀 다르게 '용마루'공법이 활용되고 있었다. 아파트 건설현장 굴뚝공사에서 흔히 볼 수 있는 3기둥 공법임을 나중에 알았다. 건설현장과 공법을 무시한 설계는 참고 자료일 뿐이라는 사실을 처음 깨달았다. 동시에 설계 · 엔지니어링과 시공 간 경계선 혹은 칸막이 유지가 건설기술 발전에 큰 장애가 될 수 있음을 깨닫는 계기가 되었다.

1982년 11월 어느 날 오전 7시 30분 회사에서 '후속 원전 준비반(일종의 task force team)'을 출범시키고 예정에 없었던 발령을 내렸다. 출근과 동시에 텅 빈 강당에 임시 사무실이 마련되었고 책상도 옮겨졌다. 구조해석 및 설계로 충분히 직장 생활을 할 수 있겠다는 확신이 넘쳤던 필자는 소속부서장에게 발령 취소를 요구했다. 하지만 새로운 미래에 도전해보라는 부서장 설득에 넘어(?)갔다. 회사 대표가 특별히 챙기는 조직이기 때문에 비전도 있다고 설득했다. 당시에 미국 현지 기업에 원자력발전소 엔지니어링 프로젝트에 참여하기 위해 50여명 이상이 파견되어 있었다. 파견된 엔지니어들이 보고서 혹은 참여 경험을 정리하여 지속적으로 서울사무소에 보내온 문서가 회사 자료실에 쌓이기 시작했다. 보내 온 문서(절차서와 계산서, 매뉴얼 등)들을 분석해보기로 했다. 당시 회사에서는 원전기술 자립을 위해 매출액의 15% 이상을 기술축적에 투자하고 있었기 때문에 자가 학습 기회가 많았던 시절이었다. 절차서와 매뉴얼을 분석하면서 체계도(일종의 절차서 및 문서 족보)를 그렸다. 체계도 작성 과정에서 빈자리가 많이 보였다. 미국 현지에 파견된 기술자들에게 빈자리 문서 취득을 독려했다. 체계도를 보면서 우리가 원자력발전소 기술을 독자적으로 수행(당시 정부는 '기술자립'이라는 캐치프레이즈를 내걸었다)하기 위해 무엇이 부족한지를 파악했다. 원자력발전소 전문 EPC 회사가 되기 위한 원전기술 자립은 설계엔지니어링 기술뿐만 아니라 구매조달(procurement)과 프로젝트관리(project management)가 필요함을 체계도를 통해 확인했다. 단순히 설계엔지니어링 기술만으로는 정부가 정한 목표를 달성 할 수 없음을 판단했다.

무엇보다 당시 국가 연간 예산의 20%를 넘어서는 원전건설의 기술자립을 위해서 PM 학습과 역량 강화가 필요함을 사장에게 보고했다. PM기술을 단기간에 습득하기 위해서는 당시 원전 강국이었던 미국기업에 파견 교육·훈련 과정을 제안했었다. 사전에 미국계 기업 여러 곳의 원전건설 PM체계를 문서를 통해 분석했다. 그 중에서 기술전수가 가장 유리 할 것으로 예상된 기업에 교육·훈련 프로그램 제공을 요청했다. 제안서 조건에 프로그램 내 과목은 우리가 제안하는 개별 과목과 내용을 담아야 한다는 조건을 달았다. 우리가 익숙한 미국 기업과는 전혀 다른 성격의 기업을 선택했다. 국내에서 어느 정도 PM에 대한 지식을 갖춘 후였기 때문에 교육프로그램 설계는 실내 교과서 중심의 강의보다 실제 사업의 현장 경험 학습 과정에 비중을 뒀다. 본사 엔지니어링 부서에서 강사를 조달하기를 요구했다. 10주간의 훈련 과정을 마친 후속원전 건설 준비반을 중심으로 원자력발전소 건설 시나리오 개발을 수십 차례 반복했다. EPCM(engineering, procurement, and construction management) 전체가 시나리오 개발 대상이었다. 3년간 시나리오에 따라 원전건설을 위한 PM 시스템(PMS, project management system)을 개발하여 수차례 도상훈련까지 반복하면서 검증에 검증을 거듭했다. 최초로 원전 엔지니어링 및 시공을 국내사가 주도하는 목표를 달성하기 위해서였다. 10%의 오차가 국가예산의 2% 손실까지 미칠 수 있기 때문에 과감하지만 치밀한 사전 전략 및 계획 수립이 필요함을 교육 훈련 과정을 통해 터득한 덕분이었다.

1986년 최초로 국내 기업이 주도하는 원자력발전소 종합설계엔지니어링 프로젝트의 외국 파트너사를 선정하는 국제입찰공고를 냈다. 국제입찰안내서에 입찰기업이 보유한 PM 조직과 시스템, 그리고 기업 전체 조직과 인력규모와 전문 직무(job) 구조를 설명할 수 있는 내용 제출을 요구했다. 6개월간 제안서 검토와 협상 과정을 통해 입찰자별로 다른 PM 조직과 시스템을 구축하고 있다는 사실을 확인하게 됐다. 심지어 PM의 범위가 다를 수 있다는 사실까지 확인했다. PM에 표준화나 정형화가 어렵고 프로젝트 성격과 규모에 따라 다른 전략과 접근방식이 필요함을 알게 됐다. 동시에 3년 이상 준비했던 PM 시나리오와 시스템을 국내 주도 원전건설에 활용될 수 있겠다는 확신을 가지게 됐다. 확신에 따라 외국 파트너사를 국내 원전 시장에 전혀 경험이 없는 미국적 기업을 선택했다. 협상과정에서 파트너 기업의 반대가 극심했다. 경험 없는 국내사 주도가 자칫하면 100년 이상 역사를 가진 해당기업의 신뢰도에 치명타를 입을 수 있기 때문이라 주장했다. 극심했던 반대에도 불구하고 국내사가 개발한 PMS를 활용하기로 했다. 물론 실패에 대한 책임은 국내사가 진다는 조건을 달았다. 이번에는 이런 조건에 국내사 경영진과 일부 기술자들의 반대가 심했다. 국내 · 외 기업 모두가 극심하게 반대했지만 관철시켰다. PM과 PMS에 대한 확신을 가졌기 때문이었다. 계약 초기 6개월간 미국기업 시카고 본사에 파견되어 개발된 PMS를 프로젝트에 맞게 수정 및 보완하는 과정을 거쳤다. 국내로 돌아와 국내 최초로 공정계획을 완성하는 과정에 몰입했다. 공정계획의 완성은 최종적으로 EPC 종합공정표(당시 이를 'IPS, integrated project schedule'로 명명함)

개발이었다. IPS를 개발하는 과정은 끊임없는 시뮬레이션 반복의 연속이었다. 당시 국내사는 한국에서 최첨단 중형컴퓨터를 2대나 보유했지만 낮 시간 동안은 다양한 엔지니어링 해석 때문에 활용하기 어려웠다. 컴퓨터 용량 한계로 인해 엔지니어링 해석 프로그램 가동 시 타 부서 업무가 틈을 내어 줄 여유가 전혀 없었다. 엔지니어링 해석 자체에 부담을 주지 않기로 하고 엔지니어들이 퇴근한 밤 시간대에 컴퓨터를 활용하여 다양한 EPC 시뮬레이션을 했다. 필자는 회사에서 불과 2km 정도 떨어져 있던 집에도 3일 동안 들어가지 못했다. 국내 최초로 CPM기반의 IPS 초안 개발이 완성되었지만 원전건설 현장에서는 이를 전혀 신뢰하지 않았다. 경험에 의존한 각자의 노트에 공정계획이 들어가 있었다. 우수개 소리지만 전국방송보다 지방방송이 더 목소리가 컸던 시기였다. 프로젝트를 공기 내 완공하기 위해서 전략적으로 공정표에 여유 공기를 포함시켰다. 그리고 예산 배정에 가상의 계정번호를 만들어 예비비 성격의 예산을 배정했었다. 당시는 정부 예산에 예비비 반영이 허용되지 않았다. 물론 프로젝트에 참여한 기관이나 기술자들은 이를 전혀 눈치 채지 못했다. 프로젝트 공기와 예산관리에 일관성과 통일성, 그리고 목표 달성을 위해 발주자기관의 사업책임자(project manager)를 비공식적으로 만났다. 사업책임자가 공기 및 예산관리를 제대로 하기 위해서는 일종의 쿠션(cushion)이 필요하다는 사실을 알았기 때문에 설득이 가능할 것으로 믿었다. 사업책임자는 설명에 무릅을 치면서 동의했다. 사업책임자에게 조처를 요구했다. 매달 및 매 3개월마다 열리는 프로젝트 참여자 회의(PRM, project review meeting)에서 모든 일정은 IPS에 따르도록 공식으로 천명 해 줄 것을 요청했다. 각자 노트에 적힌 일정과 어긋나면 공정관리절차서에 따라 변경 요청을 공식적으로 하도록 강제했다. 제일먼저 발주기관 내 배관담당 부장이 IPS가 현장공사 순서와 맞지 않는다고 반발했다. IPS 개발그룹이 사전에 설계도면과 시방서를 철저하게 분석했다는 사실을 부장은 몰랐다. 개인 노트에 적힌 공종별 공정계획은 선행호기 경험 기반이었다. 국내에서 건설되었던 선행 원전과는 완전히 다른 설계엔지니어링이라는 사실을 몰랐던 것이다. 공식 회의에서 불거졌던 논쟁에서 공종별 시공일정과 순서가 도면 및 시방서와 일치함을 보여주자 해당 부장은 자신의 주장을 철회하고 IPS를 따르기로 했다. PMS에 따라 개발된 IPS와 예산 배정 덕분에 최초 국내 주도 원전건설의 공기는 3개월 단축, 예산도 약 1,500억원 상당을 절감하는 성과를 달성했다. 국내 최초 원전건설 프로젝트가 성공하자 원전건설 기술자립 덕분이라는 평가가 나왔다. 국내 원전건설 기술 및 PM 역량이 세계적으로 인정받는 계기가 만들어졌다. 프로젝트 성공의 핵심이 PMS에 숨겨진 일정과 계정번호 덕분이라는 사실을 사업책임자, PMS 책임자와 PMC 그룹은 알고 있었다.

1991년 국내사 주도 원전건설이 성공할 것이라는 소문이 나자 가장 먼저 한국공항공사(당시 한국공항공단) 내 신공항건설본부가 신공항건설 프로젝트 PM 기술지원을 요청했다. 국내 최초로 신국제공항건설 프로젝트에 대한 PM 전략서[1](당시 사업관리전산화 용역)가 개발되었다. 이

1. 이복남(2020), 세계 최고의 공항이 된 인천국제공항의 건설사업을 성공으로 이끈 PMC 이야기, 서울대학교 출판문화원

어서 한국고속철도건설공단에서 기술전수라는 명목을 들어 PM 서비스[2]지원을 요청했다. 2000년대 들어 정부가 행정중심복합도시 건설 프로젝트를 출범시켰다. 22조원 이상 투입되는 메가 프로젝트를 성공적으로 이끌어 가기 위해서는 종합사업관리가 절실하다는 사실을 알았기 때문에 사업관리전략 수립 주제로 용역을 발주했다. 추정가격이 50억불 이상이라는 막연한 예산과 준공 연도를 알 수 없었던 용산미군기지이전사업(YRP 프로젝트)에서 행복도시와 유사한 종합사업관리 전략 수립을 연구용역 형태로 발주했다. 원전을 제외한 초대형 프로젝트 전략 수립 과정에서 국내 공공기관의 취약점을 발견했고 조직의 경직성을 파악했었다. 메가 프로젝트를 전담하기 위해 설립된 공공기관이었지만 직원 대부분의 일과시간(하루 일과 중 60~70%)이 공공행정 업무에 빠져있는 사실을 확인했다. 프로젝트 전담조직이었지만 정작 직원들의 시간 할애가 공공조직 행정업무에 배정 될 수밖에 없는 취약점 때문에 PM 서비스 전담조직 보강이 필요함을 파악했다. 원전 건설과 달리 이들 메가 프로젝트의 PM은 전문적인 이론보다 정책과 전략의 중요성이 더 비중 있게 다뤄져야 한다는 사실을 깨달았다. 메가 프로젝트의 니즈(수요)와 전담조직의 니즈와 우선순위 파악이 PMS 개발보다 앞서야 함을 경험을 통해 터득했다.

2021년 필자가 다양한 경험을 통해 얻은 PM에 대한 지식을 원고로 남기는데 이유가 있다. 필자는 엔지니어링과 PM에 대한 전문 학습과 지식을 국비 지원으로 쌓을 수 있었다. 국내에서 수행되었거나 수행 중인 대

2. 이복남(2005), 고속철도(초대형철도) 건설사업 PMC 경험의 재구성: 해외 PMC 시장 진출 전략 개발을 위한 경험 사례와 시사점, 서울대학교 출판문화원

부분의 메가 프로젝트(작게는 5조원, 많게는 22조원)와 국제공동프로젝트인 인류 역사상 최초·최대 프로젝트(추정가 약 28조원) 경영 및 PM에 관여하는 기회도 얻었다. 대한민국이라는 국가의 도움이 있었기에 가능했다고 믿어 왔고 지금도 믿고 있다. 이 믿음 때문에 때로는 사적인 돈벌이보다 공공에 기여하는 게 숙명이라는 고정관념에 빠지기도 한다. 1994년 미국적 어느 글로벌 기업이 제안했던 국내 연봉의 10배를 지급하는 조건 입사 제안을 뿌리칠 수밖에 없었다. 국가가 베풀어준 지식과 경험을 후배들에게 전수해야 하는 사명감이 더 크게 작용했기 때문이었다. 국내 공공발주기관과 산업체들이 당면해 있는 PM 역량 저하 문제를 해결하는 데 도움을 주기 위해 집필의 방향을 연구보다 일반인이 쉽게 이해 할 수 있는 수준으로 구상했다. 연구보고서나 교과서답지 않은 참고서를 만들기 위해 스토리텔링 방식을 선택한 이유이기도 하다. 18년 간 연구원 재직으로 얻은 경험에서 읽히지 않는 연구보고서가 너무 많다는 사실을 알았기 때문이기도 하다. 읽기 쉽고 또 PM 지식을 전달하기 위해 프로젝트와 건설, PM을 기초부터 시작하기로 했다. 본 책자가 국내 메가 프로젝트의 성공을 위한 PM 전략 수립과 PMS 개발에 교본보다 참고서로 활용되기를 희망한다. PM 참고서는 일차적으로는 메가 프로젝트의 시행사인 공공기관의 임직원을 타겟으로 정했다. 그러나 조단위 이상 투자하는 민간업체의 임직원에게도 도움이 될 것으로 확신한다. 동시에 PMC 서비스를 공급하는 산업체 관계자에게도 지식 축적에 도움이 될 것으로 기대한다.

01

프로젝트와 PM, 그리고 건설과 CM

모든 프로젝트는 시작과 끝이 있다.
모든 건설사업에도 반드시 시작과 끝이 있다.
누군가가 이렇게 질문한다.
프로젝트와 건설에 왜 관리가 필요한가?
이런 질문에 가장 뻔한 답이 있다.
왜 힘들게 산에 가는지 등산가에게 물으면
'밥은 왜 먹나요?'로 되돌아온다.
시작만 있고 끝이 없다면 PM이 필요 없다.
돈을 무한정으로 쓸 수만 있다면 PM도 필요 없다.

프로젝트(project)란?

우리는 프로젝트라는 용어를 일상생활에 아무런 부담 없이 사용한다. 프로젝트라는 용어를 사회와 모든 산업이 공통적으로 사용한다. 세계 제2차 전쟁에서 일본을 항복시킨 원자폭탄은 미국에서 비밀리에 진행된 '맨해튼 프로젝트'였다. 직장에서 회식이나 워크숍을 추진하는 경우도 프로젝트라는 용어를 즐겨 쓴다. 회식이나 워크숍 추진 책임자를 흔히 'project manager, PM'이라고도 부른다. 우리가 아무렇지 않게 사용하는 단어지만 여기에는 반드시 목적성이 있음을 누구나 알고 있다. 방송에서도 프로그램을 제작하는 경우 프로젝트라는 용어를 사용한다. 프로젝트를 우리말로 번역하면 사업이 된다. 그런데 우리말에 사업은 서로 다른 두 가지로 혼용되어 사용되고 있다. 흔히 사업을 한다는 의미에는 영업 혹은 '비즈니스(business)'을 한다는 뜻이 포함되어 있다. 프로젝트와 비즈니스에는 시작과 끝, 목적에서 공통점과 차이점이 있다. 시작은 공통적이지만 끝은 다르다. 비즈니스에는 끝이 없다. 물론 의도하지 않게 영업을 접는 경우가 있지만 시작할 때 끝을 미리 정해놓고 하는 경우는 거의 없다. 프로젝트에서 생산하는 성과물은 서비스나 물리적이거나 혹은 가시적인 결과물로 나타나지만 비즈니스는 이윤 창출이 최종 성과물이라는 점에서 차이가 있다. 우리말 사업을 영어로 번역하면 거의 'business'다. 간혹 프로젝트로 번역하는 경우도 물론 있다. 그만큼 우리말에 정확하게 해당하는 프로젝트가 거의 없다고 보는 것이 맞다. 이 책에서 굳이 사업이라는 용어대신 프로젝트를 사용하는 이유는 비즈니스와 구별하기 위해서임을 밝혀 둔다. 일상생활에서 흔히 사용하는 프로젝트를 더 이상 영어로 인식하지 않기 때문이기도 하다.

프로젝트관리(project management, PM)란?

일상생활에서 사용하는 프로젝트지만 여기에는 명확한 특성이 담겨져 있다. 프로젝트에 대한 정의는 사전적 의미보다 전문기관이 내놓은 정의가 대부분이다. 전 세계에서 가장 많은 회원을 가진 프로젝트관리(project management, 이하 PM) 전문기구는 1969년에 미국에서 설립된 PMI[3]다. 유엔가입 196개국보다 많은 208개 국가에서 약 140만명이 회원이 가입해 있다. PMI가 PM에 대한 기본지침서(PMBOK[4])을 4년 단위로 개정 및 보완하여 발간하고 있다. PMBOK 지침서는 2019년까지 전 세계에서 6백만부 이상이 배부될 만큼 광범위하게 활용되는 지침서다. 이러한 PMBOK에서는 프로젝트를 시작과 끝이 있는 한 시적(temporary) 업무로 반드시 생산하는 목적물(가시적 목적이나 서비스)이 있는 것으로 정의해 놓았다. 한편, 유럽이 주도하는 PM 전문기구인 'international project management association(IPMA)'도 국제표준화기구(ISO)를 통해 PM 표준지침서로 'ISO 21500 Management Standards[5]'를 발간하고 있다. 프로젝트 정의에 있어서 PMBOK과 ISO 사이 가장 큰 차이는 ISO는 목적물의 사용 단계를 포함시켰다는 것이다. 본 고에서 프로젝트를 운영단계를 제외한 목적물의 완성단계까지만 포함하기로 했기 때문에 PMBOK 정의를 따르기로 한다. 즉, 프로젝트는특성(정해진 시간과 예산)과 목표(품질과 성능을 갖춘 목적물)를 관리하는 기능과 역할로 해석하면 된다.

3. www.pmi.org
4. PMI(2018), Project Management Body of Knowledge (PMBOK) Guide 6th, Project Management Institute
5. ISO(2010), ISO 25100 Guidance on Project Management

1965년에 PMI 설립 추진위가 구성되었다. 5명의 추진위원 중 3명이 건설 산업 출신이었다. 그만큼 프로젝트와 건설의 관계가 컸음을 의미한다. 건설이 주도했던 PMI지만 산업별 성장세에 따라 PMI 주도 세력은 당시 산업과 시장의 활황에 따라 수시로 바뀌기 시작했다. 설립 초기에는 건설 프로젝트 중심으로 PMBOK 지침서가 발간되었지만 '90년대로 접어들면서 IT와 제조업 중심으로 PM 지침서가 보완되기 시작했다. 건설 프로젝트의 특성이 PMI에서 길을 잃게 되면서 건설분과(DPC) 중심으로 건설 프로젝트에 맞는 별도의 PMBOK 지침서 개발 필요성이 제기되기 시작했다. 필자는 PMI 연차총회에 11년간 지속적으로 참여하는 덕분에 건설분과위원회(DPC SIG, design, procurement and construction specific interesting group) 위원으로 선임되었다. 1999년부터 연차총회에서 건설분과위원회가 제기한 CMBOK 지침서 개발이 본 안건으로 채택되기 시작했다. 2001년 연차총회에서 정식으로 가칭 'DPC PMBOK' 개발 소위원회를 구성하기로 하면서 한국을 포함한 15개국이 개발 소위원회에 참여하기로 했다. 당시 유럽 국가는 IPMA와 관계를 고려하여 참여하지 않았다. 소위원회의 3년간 노력으로 2004년 PMI 의장단이 건설 프로젝트에 맞게 기존의 PM 지침서를 보완한 'PMBOK-construction extension[6]' 반간을 승인했다. 건설 프로젝트관리 지침서에 건설이라는 용어를 정의했다. 건설이라는 단어를 사용하면서도 지침서 개발에 참여했던 15개국별로 정의가 다르다는 사실을 확인하게 됐다. 따라서 세계적으로 통용될 수 있는 건설에 대

6. PMI DPC SIG(2004), PMBOK-construction extension

한 정의를 별도로 내리기로 했다. 프로젝트의 성격을 건설과 연계시키는 최적의 용어를 정립하는 데 상당한 시간이 소요되었다. 건설 프로젝트와 같이 15개국에서 참여한 위원들의 활동시간대가 분산되었던 것도 큰 영향을 받을 수밖에 없었다. 우리가 일상생활에서 흔히 사용하는 '건설'이라는 용어가 보는 시각에 차이가 있는 것과 같다. 건설 프로젝트관리 지침서에서 '건설'의 공통적인 정의를 요약하면, 건설은 '시설물을 완성하기 위해 필요한 계획, 설계엔지니어링, 구매, 건설 및 시운전 등을 통합(integration)하는 역할'이다. 건설에서 목적물을 생산하는데 동원되는 자원이 시간과 공간이 다양하게 분산되어 있다는 점이 타 산업과의 근본적인 차이가 있음을 재확인하는 계기다.

건설관리(construction management, CM)란?

국내 건설시장에서 CM이 급부상하기 시작한 해는 1993년부터로 기억된다. 국내 서비스 시장이 예외 없이 개방해야 한다는 세계무역기구(WTO)에 동의해야 하는 불가피한 상황이 벌어지면서부터다. 건설시장은 국제 통상거래 분류로는 서비스 산업에 속해있었기 때문에 건설도 개방의 대상이었다. 1995년에 협정에 사인 후 시장 개방은 2년간 유예받기로 양해를 얻었다. 정부와 산업계가 시장 개방에 앞서 국내 산업체가 취약한 선진기업형 CM 역량 강화를 목표로 건설산업기본법(당시는 건설업법)에 CM 정의와 역할을 추가하기로 하면서 CM이 국내 건설산업의 최대 이슈로 부상되기 시작했다.

건설관리에 대한 정의를 어떻게 내릴 것인지는 시장(market), 전문기술(professional knowledge), 학술(academy), 계약(contract) 및 법과 제도(law & regulation)에 따라 서로 다른 해석을 하게 된다. 세계 최대 건설관리협회인 미국 'CMAA, construction management association of America'는 시장과 계약으로 보고 있다. 발주자의 기능과 역할을 설계나 시공과 같이 외부에 위탁하여 관리하는 방식을 CM으로 정의[7]하고 있다. 이에 비해 세계 최대 프로젝트관리기구(PMI)는 건설이 타 산업과 다른 특성을 추가하여 전문기술로 PM의 기능과 역할, 그리고 전문지식의 연장선으로 해석[8]하고 있다. 국내에서 발간된 책 중 학술적으로 접근하여 정의를 내렸던 책이 있었다. 학술적 근거를 담기는 했지만 1997년에 출간[9]했던 탓에 CM이라는 시장과 발주방식에 최대한 관심을 가졌던 시기여서 별로 주목을 받지는 못했다. 일반적으로 발주자와 산업체는 CM을 기능과 역할, 그리고 시장으로 보고 있다. 이런 점 때문에 본질과 다르게 CM이 공공발주기관과 시장 사이에 벌어지는 업역과 역할 다툼으로 비춰지기도 한다.

본 고에서는 PM과 같이 발주자의 고유 영역으로 CM, 그리고 전문기술로서의 CM으로 정의내린다. CM은 발주자에게도 계약자에게도 필요한 전문기술이라는 면을 강조하기 위해서다. 동시에 국내 건설산업의 특성상 발주자의 기능과 역할을 일부 외부기관에 위탁할 수 있어도 책임까지 위임할 수 없는 한계가 있기 때문이기도 하다. 다만, 본 고에서 CM이라는 용어를 별도로 사용하지 않는 이유는 공공발주자 관점으로 보기 때문이다. 발주자의 기능과 역할의 일부를 PM으로 보고 있으며 전문지식 영역을 PMBOK과 extension으로 보고 있음을 다시 한 번 밝혀둔다.

7. 김한수, 미국 CM협회, 한미파슨스(2010), 미국 Construction Management A to Z : '이것이 미국 CM이다', 기문당
8. PMI(2000), Construction Extension to A guide PMBOK, Project Management Institute
9. 김예상(1999), construction management이란 무엇인가?, 보성각

메가 프로젝트는 어떻게 다른가?

생선은 날로 먹으면 회가 되지만 조리를 통해 다양한 요리(찜이나 튀김, 탕 등)로 변하기도 한다. 프로젝트에도 기간, 내용, 투자비 등에 따라 다양하게 구분된다. 프로젝트의 경계선은 어디까지인가? 또 프로젝트의 규모를 어떻게 정의하는 게 좋은 것인가? 규모를 시간으로 볼 것인가, 소요되는 예산의 크기로 볼 것인가, 아니면 면적이나 길이 등 물리적 크기로 볼 것인가? 사람들의 공통 심리는 기간이 10년 이상이거나 1조원이 넘는 예산 혹은 면적이 자기가 살고 있는 동네나 도시보다 클 경우 거대하다고 생각한다. 물론 사람에 따라 '거대하다'라는 인식은 다를 수 있다. 본 고에서 사용하는 '메가 프로젝트'는 기간으로는 10년, 투자비 규모로는 10억불(한화 약 1.2조원), 면적으로는 소도시 규모를 초과하는 것으로 정의한다. 영국의 옥스퍼드 대학이 출간한 책[10]에서는 메가 프로젝트를 기간보다 투자비 규모가 10억불을 넘어가는 것으로 정의했다. 본 고에서 말하는 '10-10'은 프로젝트 기간 10년 이상, 투자비 10억불 이상인 메가 프로젝트를 의미한다. 프로젝트 중에서도 메가 프로젝트를 구분하는 이유는 평범한 프로젝트와 큰 차이가 나기 때문이다.

메가프로젝트과 기타 프로젝트와의 차이는 다음과 같이 요약될 수 있다. **첫 번째**, 메가 프로젝트가 기타 프로젝트와의 가장 큰 차이는 앞에 메가 프로젝트의 정의에서도 알수 있듯이 프로젝트 소요기간과 투입되는 예산 규모가 평범한 프로젝트에 비교할 수 없을 만큼 길다. 메가 프로젝트를 기

10. Bent Flyvbjerg (2017), The Oxford Handbook of Megaproject Management, Oxford University (옥스포드 대학 주간으로 45명의 다양한 전문가들이 참여하여 완성시킨 교과서)

간으로 명확하게 정의 할 수는 없지만 10년 이상이 소요된다. 투자비 규모로는 1조원 이상 추정된다. 공기와 투자비가 '10-10'인 셈이다. 이 경우 단일 시설로는 정의하기 힘들다. 예를 들어 100층 이상의 초고층건물이나 7조원이상 소요되는 100킬로 이상 고속도로 등도 메가 프로젝트다. 규모가 크기는 하지만 이유는 목적물이 이미 보편화되어 있고 분명하여 목표 자체가 명확하기 때문이다. 투자비에 비해 동원되는 기술의 난이도가 크게 높지는 않다. 이 때문에 전문가그룹에서는 메가 프로젝트임에도 불구하고 프로젝트 관리의 필요성과 난이도에 크게 신경 쓰지 않는다. 이에 비해 신도시 개발이나 신무기 개발, 국제공항이나 원자력발전소 등은 규모와 관계없이 다소 특별한 메가 프로젝트로 본다. 완성해야 할 목적물이 다양하고 목표 자체에 변수가 많고 또 수시로 바뀔 수 있는 특징 때문이다.

두 번째, 메가 프로젝트일수록 다양한 이해당사자 그룹이 형성된다. 이해당사자가 많다는 사실은 각자의 이익과 손실이 평평하지 않다는 의미다. 프로젝트 내부에서 이해당사자간 주도권 경쟁이 흔히 발생하는 이면에는 손익관계에 충돌이 발생하기 때문이다.

세 번째, 메가 프로젝트는 대부분 민간자본보다 공공자금이 주도하는 경우가 많다. 대부분 공공성을 가진다. 공공 프로젝트가 공공성을 가질수록, 정책과 정치권의 영향이 커진다. 그 이야기는 목적물과 공기, 투자 예산 조달에 변수가 그만큼 많아짐을 의미하기 때문에 출범 당시 목적과 목표가 시간이 지남에 따라 예측하기 어려울 정도로 변하게 된다.

네 번째, 일회성 프로젝트이기 때문에 상설조직이 아닌 목적 달성을 전담하는 특별조직이나 기구를 한시적으로 설립하게 된다. 조직이 제자리를 잡는 데는 상당한 시간이 필요하다. 프로젝트 규모가 클수록 당장 조직을 가동하는 수단으로 기존 조직에서 차출하는 방법이 동원 될 수 있다. 급조된 조직이기 때문에 동원된 조직 수만큼 다양한 조직 문화 충돌이 발생하게 된다. 전쟁에서 흔히 '오합지졸(烏合之卒)'을 내 보내지 말라는 의미에는 단합을 끌어내는 규율이 없다는 뜻이 포함되어 있다. 조직 문화 구축이 그만큼 필요한 이유가 있다. 오합지졸도 일정기간 훈련과정을 거치면서 조직을 움직이는 규율이 정립되면 정예군으로 변하게 된다. 프로젝트를 전쟁과 비교하는 이유는 성격이 유사한 면이 있기 때문이다. 전쟁이 아군과 적군의 싸움이라면 프로젝트는 시간과 예산과의 전쟁이기 때문이다. 건설 현장의 상황실을 'war room'로 부르는 이유도 여기에 있다.

다섯 번째, 다양한 이해당사자가 개입된 만큼 목적과 목표 달성을 성공시키기 위해서는 강력한 리더십을 갖춘 프로젝트관리 조직이 필수다. 현실은 이와는 정반대로 공공 재정으로 추진되는 거대 인프라 개발 프로젝트에서 조직 정비가 전혀 되지 않은 임시조직 혹은 특별 전담 조직을 구성하는 게 보편적이다. 국내에서는 정책 영향이 큰 메가 인프라 개발 프로젝트인 경우 특별법까지 만들어 별도의 공공시행기관까지 설립하는 경우가 많다.

여섯 번째, 다중시설이 건설되기 때문에 인 · 허가 종류가 많아 규제기관이 이해당사자 수만큼 늘어난다. 프로젝트 조직 권한 밖에 있는 외생변수가 늘어 날 수 밖에 없게 된다. 인천국제공항 1단계 건설에서 영업 운영 개시까지 총 80여 건[11]의 인 · 허가 과정을 거칠 수밖에 없었다. 외생변수는

11. 한국전력기술 외 3개 기관(2001), 인천국제공항건설(1단계) 사업관리 최종보고서

프로젝트 조직의 역할과 권한 밖에 있기 때문에 예측하기 힘들다는 특징이 있다. 프로젝트 조직 내에서 해결 가능한 문제는 내생변수로 관리역량에 좌우되지만 외생변수는 전혀 다른 성격을 가지게 된다. 외생변수가 예측하거나 통제하기 힘든 변수(variable)라면 내생변수는 프로젝트관리 조직 내부에서 대처가 가능하기 때문에 변수로 보기보다 상수(constant)로 보는 것이 합리적이다. 프로젝트 수행 중에는 언제나 많은 변수와 상수를 동시에 직면하게 되어 있다. 그렇기 때문에 PM의 전문지식과 경험이 필요한 이유이기도 하다.

메가 프로젝트에 내재된 리스크

메가 인프라 개발 프로젝트(예, 새만금개발, 가덕도신국제공항, 지구단위개발, 반도체공장건설 등)는 관리하기 힘든 리스크가 많다. 예측할 수 있는 리스크도 있지만 전혀 예측할 수 없는 리스크가 더 많다. 10조원이 투자되는 프로젝트에서 1%의 변화는 곧 1,000억원의 증감을 의미하고, 1%의 물가상승율이나 공기 1년의 지연은 곧 2,000억원 이상의 투자비 증가를 불러올 수 있다. 이와 같이 설계변경이나 공기 지연은 곧 수천억원 이상 증가로 연결 될 정도로 리스크가 크다. 리스크에 가장 크게 영향을 미치는 부문들은 다음과 같다.

첫 번째, 가장 흔한 요인으로 '프로젝트관리 전담 조직의 역량'이 있다. 프로젝트가 공공성을 가질수록 경상업무가 많이 발생한다. 또한, 공공기관에서 프로젝트 조직으로 한시적으로 파견된 경우 인사평가가 원 소속

기관에서 이루어지기 때문에 프로젝트보다 경상업무를 중시하는 경향이 높아진다. 이로 인해 프로젝트 추진에 빨간불이 켜지기 마련이다. 이는 시간과 투자비와의 전쟁에서 싸울 군사(여기서는 프로젝트 조직원)가 없다는 것이고 싸울 군사 없이는 절대 전쟁에서 승리할 수 없다.

두 번째, 규모가 크고 공공성이 클수록 각종 '민원 발생'에 의한 리스크도 예측하기 힘들 정도로 빈도가 늘어난다. 리스크 관리체계를 제대로 구축하지 않을 경우 프로젝트의 기간이 지연되고 투자비는 걷잡을 수 없이 증가할 수밖에 없게 된다.

세 번째, 프로젝트 조직이 자체적으로 해결하기 어려운 외생변수로 인한 리스크 중 가장 비중이 큰 부문인 '인 · 허가 조건과 절차'다. 프로젝트 참여기관과 규제기관이 많은 만큼 예측하기 힘든 돌발변수가 많이 발생한다. 특히 국제공항건설(ICAO, 국제민간항공기구)이나 원자력발전소(IAEA, 국제원자력기구) 건설 등은 국제기구의 관여가 필수이기 때문에 인 · 허가 과정에 체계적이고 정교한 관리, 예측 가능한 관리체계 구축이 필수적이다. 제대로 관리하지 않거나 선제 대응하지 않을 경우 공기와 투자비 관리에 상당한 부담이 야기 될 수 있다. 국제기구의 관여는 상시가 아니기 때문에 체계적인 문서관리가 절대적으로 힘을 발휘하는 경우가 많음을 특별히 유의해야 한다.

네 번째, 공공이 주도하는 메가 인프라 개발 프로젝트의 경우 가장 큰 리스크에 해당하는 부문은 '정책과 정치권의 영향'을 꼽을 수 있다. 프로젝트 예산 조달 자체가 계획대로 추진되지 않거나 계획보다 앞서 실행에 옮겨야 하는 경우가 흔히 발생한다. 특히 규모가 클수록 정책과 정치 영향이 동시에 증가하는 특징을 보인다. 이런 특성은 비단 국내 시장에만 해당되는 것이 아니라 국제 공통의 과제이기도 하다.

02

한국의 PM · CM 이야기

미국 CM은 시장이 만들어 낸 '민간주도' 였다.
국내 CM은 정책과 제도가 만들어 낸 '공공시장'이었다.
'90년대 어느 연구자는 변호사 · 회계사 주도 CM을 주장 했고,
어느 대학교수는 대형건설업체는 CM에만 전념하라 일갈했다.
석 · 박사과정을 마친 사회초년생은 열악한 CM 시장을 경험한다.
인프라 개발 프로젝트의 공공시행기관은 어김없이
PM 도입 여부, 시기와 규모를 고민한다.

우리는 언제 쯤 'PM · CM' 코끼리 다리 만지기를 끝낼 수 있을까?

인프라 개발 프로젝트와 PM

메가 인프라 개발 프로젝트 중에서도 인프라(도시개발과 교통, 에너지, 수자원 등)와 직접 연계된 시설은 화학플랜트와 같이 액체나 기체 등 유체 공정이 중심인 플랜트, 신도시건설이나 대규모 주택이나 건축단지, 국제공항이나 고속전철 등 통제시스템(control system) 기반 교통인프라 등 3가지 종류로 나눌 수 있다. 유감스럽지만 국내에서는 공항이나 고속전철 인프라를 단순히 토목이나 건축공사로 분류하는 오류가 만연해 있다. 토목이나 건축시설에 통제시스템을 맞추는 식이다. 몸에 맞는 옷을 맞추는 게 아니라 옷에 몸을 맞추는 식이다. 시공에 초점을 맞추면 토목이나 건축 등 공과대학의 전공학과분야로 볼 수도 있겠지만 통제시스템 기반 인프라는 개념설계(conceptual design)나 기본설계(basic design)가 인프라 전체의 품질과 성능, 공기와 투자비를 좌우하는 막대한 영향력을 가지고 있다. 시공은 설계된 대로 공사를 하는 것이지 투자비와 공기를 좌우하는 필요조건의 일부는 될 수 있어도 필요충분조건은 되지 못한다.

선진국의 글로벌 기업들이 토목이나 건축보다 교통인프라 시스템엔지니어링과 PM 역량을 강화하는 이유는 프로젝트 전체의 공기와 투자비, 그리고 품질과 성능을 좌우한다는 사실을 알고 있기 때문이다. 투자자인 발주자 관점으로 프로젝트를 보는 데 차이가 있다. 국내 건설은 시공에 중점을 두기 때문에 기술의 최고봉이라는 기술사자격증에 '도로 및 공항기술사'를 따로 둔다. 활주로 및 유도로를 공항 전체로 보는 오류를 범하고 있는 것이다. 시스템보다 먼저 시공 기술 자체에 눈높이를 맞추기 때문으로 추정된다. 여기에는 국가직무능력표준(NCS, national competency standards)이 건설에서 시스템보다 말단에 있는 개별공종(commodity) 중심으로 분류하는 영향도 클 것으로 보인다. 국제 표준은 인프라를 최상위에 두는 반면 국내직무체계는 토목이나 건축을 최상위에 놓은 차이도 큰 영향을 준다.

'10-10' 메가 인프라 개발 프로젝트는 거의 일회성이 대부분이다. 물론 원전이나 철도 등 지속적으로 메가 프로젝트가 이어지는 경우도 있기는 하지만 이 경우 기관 내 상설 전담 조직을 설립하여 운영하게 된다. 국내의 경우 LH, 도로공사, 한국수력원자력 등이 대표적이다. 건설과 운영을 동시에 주관하는 조직 유형이다. 이에 비해 새만금개발이나 신국제공항건설 프로젝트의 경우 상설조직이 없어 운영에 대한 기존 조직의 역량이 턱없이 부족하다. 특히 공공 메가 프로젝트는 특별법(예, 새만금개발과 가덕도신국제공항 등)을 제정하고 이 법에서 당해 개발 프로젝트를 전담하는 공공시행기관(00청, 00공단 등)을 신설하는 방법을 택하기도 한다.

인프라 개발 프로젝트는 장기간이 소요되는데 전담조직이 공공기관인 경우 1968년에 제정된 '순환보직제'로 인해 직무의 지속성과 일관성 유지가 거의 불가능 하다. 임직원 스스로가 PM이나 기술 직무에 경험과 전문지식을 축적 할 기회를 박탈당하기 때문에 직무의 숙련도와 완성도를 높이려는 의식 자체가 차단되어 있다. 이를 보완 해 줄 수 있는 외부 전문기관의 도움이 절대적으로 필요한 게 우리나라 메가 인프라 개발 프로젝트가 당면한 현실이다.

'10-10' 인프라 개발 프로젝트의 시행을 전담하기 위해 신설된 공공기관이 조직 문화와 경험과 지식을 동시에 갖춘 전문 인력을 충원하기도 전에 개발 프로젝트는 진행되어야 한다. 국가기관이나 공공기관의 특성상 경험과 지식을 갖춘 인력을 적기에 조달할 수 없는 한계가 있다. 자연스럽게 공공시행기관은 조직과 직무역량 강화를 위해 PM 역할의 일부를 아웃소싱하는 것으로 검토한다. 문제는 이 검토 기간이 지나치게 길게 소요된다는 것이다. 법과 제도를 먼저 따지고 설령 시행기관에서 PM 역할을 아웃소싱하기 위한 PMC 도입을 결정했더라도 위탁 범위 설정과 소요 예산 조달을 위해 정부의 예산 당국과 국회 문턱을 넘어야 한다. 이 문제는 국내 시장에 한정된 문제다.

국제회계 원칙인 'GAAP(generally accepted accounting principles)은 발생주의 개념을 기초로 한다. 프로젝트로 인해 발생하는 모든 비용은 당연히 프로젝트 예산에 포함해야 한다는 것이다. 하지만 개발 프로젝트를 전담하는 00청 또는 00공단이 공공 시행기관으로 설립되면 프로젝트를 위해 만들어졌고 프로젝트 관리업무를 수행하지만, 조직과 인력 운영비가 국가 예산으로 조달되기 때문에 인프라 개발 투자비로 인식하지 않는다. 또한, 국내 국가재정법은 공공 발주 혹은 시행기관의 비용(인건비와 조직운영 등 경상경비 등)을 예비타당성분석이나 타당성분석 시 별도로 계상하지 않기 때문에 PMC 비용이 추가 비용으로 인식되는 문제가 발생하게 된다. 모든 건설프로젝트는 '설계엔지니어링'과 '시공'의 2개축만으로 완성시킬 수 없다. 프로젝트 전체를 기획하고 관리하는 PM, 즉 발주자의 관제탑 역할이 포함되어야 한다. 설계엔지니어링과 시공비용이 프로젝트 예산에 포함되듯이 발주자 비용도 프로젝트 예산에 당연히 포함시키는 방식이 선진국의 보편적인 방식이다. 이러한 국가재정법의 한계로 대부분의 메가 프로젝트에서 PM 조직과 PMC 도입이 때를 놓쳐 프로젝트가 초기에 제대로 계획되지 못하는 게 되는 것이 국내 현실이다. 물론 상설조직이 이미 구축되어 있는 경우(예,

국가철도공단, 한국도로공사 등)도 있지만 특별법에 의해 신설되는 전담 기구는 대부분 이 과정에 너무 많은 노력과 시간이 낭비되는 경우를 흔히 보아 왔다.

왜 PM이고 CM인가?

국가 예산으로 추진하는 메가 인프라 개발 프로젝트 시행기관이 PM의 일부를 아웃소싱을 검토하는 과정에서 PM과 CM의 논란은 지속적으로 불거지고 있다. 국내 제도로는 CM은 발주자의 기능과 역할과는 전혀 무관하게 프로젝트에서 발생하는 관리의 일부 기능을 의무적으로 아웃소싱하도록 정형화되어 있다. 발주자의 기능과 역할, 그리고 프로젝트 수요와 전혀 무관하게 위탁 계약을 하기 위한 수단으로 활용되는 것이다. CM 서비스를 위탁계약으로 인식하기 때문에 발주자로서 최대한 비용을 아끼려 든다. 위탁 서비스를 계약해도 발주자의 기본 역할과 책임은 별로 달라지지 않는 문제가 있다(예, 공정관리 검토 및 확인을 위탁해도 발주자는 여전히 공정관리 책임으로부터 벗어날 수 없음). 발주자는 제도적인 문제를 인식하고 서비스 계약자는 계약적인 문제를 인식하게 된다. 이로 인해 수요자와 공급자 모두 만족하지 못하는 결과로 귀결된다.

필자는 과거 수행한 프로젝트에서 이 제도의 한계성을 극복하는 수단으로 종합사업관리라는 신조어(?)를 사용한 경험이 있다. 제도의 경직성을 벗어나고 또 발주자와 프로젝트의 수요를 만족시키기 위해서 불가피한 선택이었다. CM 시장을 활성화시키려는 제도적인 장치가 오히려 발주자와 프로젝트의 수요 충족에 걸림돌로 작용하는 문제로부터 자유롭기 위해서 였다.

또한 PM이라는 용어를 사용하는 이유는 프로젝트 특성과 규모에 따라 'portfolio, program, project' 등 달리 적용할 수 있기 때문이라는 이유도 있다고 판단된다. 반면 CM은 규모에 따라 달리 적용 할 수 있지 않다. 대부분의 CM 서비스 범위는 건설공사 중심이라는 점에서 PM을 사용할 수밖에 없었다. 많은 국가에서 CM보다 PM이 좀 더 포괄적이고 타 산업과의 호환성을 높힐 수 있기 때문에 사용하는 것으로 보인다. 물론 일부 학자나 연구그룹에서 construction이기 때문에 CM이고 plant이기 때문에 PM이라는 주장을 하기도 한다. 그렇다면 building 건설의 프로젝트관리는 BM으로 불러야 하는가? 글로벌 시장과의 호환성과 경쟁력을 높이기 위해서라도 PM 용어를 사용하는 게 유리하다는 판단이다. CM으로 사용하면서 스스로 국내시장 제한을 받을 이유는 없다고 본다.

한국 CM제도 도입에 숨겨진 이야기

아쉽게도 국내 많은 전문가그룹은 아직도 국내 CM을 전면책임감리의 연장선으로 보고 있다. 1993년에 도입된 책임감리제도는 부실시공과 안전사고를 방지하기 위해 건설기술진흥법(당시는 건설기술관리법)에 제정되었다. 도입 목적에 '건설공사의 품질향상'을 위함이라고 명시하고 있는데 국제 표준에서의 품질관리는 '품질향상'이 아닌 '프로젝트에 요구하는 기준 충족'을 위한 관리 활동이라고 정의한다. 대부분의 전문가그룹이 이해하는 부실공사를 예방하기 위한 목적과는 차이가 있다.

반면, CM제도는 건설산업기본법(당시는 건설업법)에 국내 서비스 시장 개방에 대응하기 위해 생산성 혁신과 국제경쟁력 향상을 위해 도입되었다. 산업체의 국제경쟁력을 향상시키는 촉진제로 활용하기 위해서였다. 도입 취지와 목적이 책임감리의 연장선과는 전혀 무관하다. CM 제도 도입을 위해 연구자와 학자들이 대거 자문그룹에서 활동했다. 이 제도 도입을 위탁받는 연구기관, 그리고 자문그룹 대부분이 프로젝트관리 본질이나 발주자의 기능과 역할, 그리고 전문지식(professional knowledge) 영역으로 보기보다 새로운 시장으로 보고 접근했다. 이로 인해 정부가 국내 산업체의 경쟁력 향상 촉진을 위해 마련하려 했던 CM이 엉뚱하게도 시장의 먹거리로 둔갑되기 시작했다.

당연히 공공 발주기관과 대립각이 형성되었다. 발주기관들은 자신 조직의 역할 축소에 대한 위기감을 느끼면서 협력보다는 대치적 관계로 선회했다. 이에 반격하는 명분으로 프로젝트관리 기능의 일부를 위임하더라도 책임은 여전히 발주자가 질 수밖에 없다는 주장을 강하게 제기했다. 정부도 이러한 공공 발주기관의 반론에 대해 명확한 답을 내 놓지 못했다. 하지만 연구기관과 자문그룹은 시장 개방에 대비하기 위해서는 발주자의 고유 영역을 불가피하게 시장에 양도해야 한다는 주장으로 맞섰고 정부는 연구기관과 자문그룹의 손을 들어 줬다. 문제는 제도 도입 이후 공공 프로젝트에서 새로운 시장이 열리지 않았다는 것이다. 국내 건설생산구조가 발주자와 종합건설사업자(GC, general contractor) 중심으로 이뤄져 있다는 사실을 간과했던 이유도 컸었다. CM 제도 도입으로 인해 오히려 발주자의 PM 역할과 전문성이 후퇴되는 부작용까지 낳았다.

CM제도 도입 당시 발주자의 역할과 책임을 제대로 정립하는 과정을 거치지 못했다. 이 때문에 CM이 오히려 공공기관인 발주자 관점을 추가적인 업무와 비용으로 인식하게 만들어 버린 것이다. CM 방식 자체가 생산구조는 물론 발주방식(예, 설계와 시공분리와 일괄 등)과 계약방식(장기계속계약과 총사비계약 등)에 영향을 받는다는 사실을 간과했다. 또한 단일 공사계약이 아닌 발주기관 관점에서는 '10-10' 메가 프로젝트도 1개 프로젝트이며 '300억원'도 1개 프로젝트인데 어떻게 차별화시켜야 하는지에 대한 고민이 부족했다. 국내 독특한 장기계속계약에 의한 차수별 공사에 현실적으로 공정관리나 사업비 관리 필요성을 발주자는 느끼지 못한다. 동시에 종합건설업체(GC)가 있는 상태에서 발주자가 모든 공사를 직접 관리하기 보다 간접 관리한다는 현실을 제대로 깨닫지 못한 것이다. 국내에 도입된 CM제도가 당초 도입 취지와 달리 '발주자 PM + α'와 같이 추가비용과 부대 업무로 인식되고 있다. 산업을 위한 제도가 오히려 산업체의 먹거리, 그리고 업역을 지키려는 공공발주기관 사이 서로간의 이해를 달리하는 대치적 관계로 남아있게 된 것이다.

나라 밖에서는 PM, 나라 안에서는 CM

법과 제도에 CM이 도입되기 전에는 CM이라는 용어 자체가 생소했었다. 오히려 원자력발전소와 석유화학플랜트 등의 플랜트 건설 프로젝트에서는 PM이 통상적으로 사용되고 있었다. '90년대 초반부터 미국과 영국 등에서 CM 박사학위를 취득한 신진 학자그룹이 대거 귀국하면서 CM과 PM에 대한 용어 논란이 일어나기 시작했다. CM 학자들의 목소리가 커지면서 국내 시장에서 PM보다 CM이라는 용어가 대세를 이루기 시작했다. 문제는 국내 시장과 달리 나라 밖 시장에서는 PM이 여전히 대세였다. 국내에서 매년 개최하는 세계 CM대회(CONSMA)에서 국내 발제자는 CM, 해외 발제자 상당수는 PM이라는 용어를 사용하고 있는 모습이 일반인에게 혼란을 주기도 했다. 하지만 '10-10' 메가 프로젝트에 PM이 대세라는 점은 다소 의아스럽고, 국내 산업체가 해외건설 시장에서 부족한 기술력으로 기본설계 및 엔지니어링과 PM을 언제나 지적하고 있다. 이처럼 해외시장 경쟁력을 선진국 기업과 비교할 때 CM이라는 용어 대신 PM을 사용 하는 것은 CM을 시장으로 보는 반면 PM은 전문지식 또는 역량으로 보는 차이가 있다고 생각된다.

국내 산업체와 기술인들이 보는 PM은 전문지식(professional knowledge)와 경험으로 보고 있는 점은 확실해 보인다. 예를 들어 공정관리 기술을 CM으로 보기보다 PM의 한 부문으로 보기 때문이다. 다만 계약범위에서 공정관리는 CM 업무의 한 부문, 즉 시장의 한 부문으로 보고 있는 특징이 있다. 국내 산업체가 CM을 시장으로만 보고 있다는 점은 전문가 혹은 전문지식으로 인정하고 있지 않음으로 해석될 수 있다. 예를 들어 보자, 해외건설 시장에서 직무역량이 부족한 부문에 공정계획 및 관리를 지적한다. 전문직무로 보는 것이 아니라 일종의 기술행정의 한 기능으로 보기 때문에 전문가를 양성하지 않는다. 공정표 개발을 외부에 아웃소싱하거나 혹은 초급기술자를 투입하는 것으로 추정할 수 있다. 초급기술자가 경력이 쌓여 과장이나 차장으로 진급하면 공정관리에서 탈출(?)하기 때문에 경험과 지식을 갖출 기회도 없어져 버린다. 가장 큰 문제는 공공발주기관의 경우 순환보직제로 인해 경험적 지식 축적이 절대적으로 필요한 PM 전문 직무 역량을 쌓을 기회조차 없어 졌다. 공공시행기관에서 순환보직제가 폐지되지 않은 한 PMC 활용은 피 할 수 없는 과제로 판단된다. 건설 프로젝트 완성을 위한 3각 축에 발주자 및 PM 역할이 미비로 공기 지연과 투자비 증가는 불가피하기 때문[12]이다. PM 자체가 프로젝트의 시간과 투자비, 품질과 성능과의 전쟁을 치루는 기능과 역할, 그리고 책임이라는 점에서 메가 프로젝트일수록 PM을 조기에 정착시키는 전략이 필요하다.

PMC는 있는데, CMC가 없는 이유

2016년 국토부가 산업체의 해외시장 확대를 위해 국내산업체의 주력상품 및 시장으로 민간투자개발사업(PPP), PMC, 스마트시티 3가지는 제시했다. 국내 업체들의 주력 시장이었던 시공과 도급계약에 대한 가성비 기반 경쟁력은 더 이상 유효하지 않다는 판단을 했기 때문으로 보여진다. 이는 경제 성장으로 높아진 국격에 맞는 PPP시장 확대를 통해 일감과 일자리를 높이려는 정책의 전환점이 되었다. 당시 도급계약분이 95% 이상 해외시장이 금융을 동반한 PPP시장 점유율을 증가시켜나가고 동시에 지식기반의 고급 일자리인 PMC를 국내 업체의 주력상품으로 개발하자는 취지였다. 선진국의 글로벌 기업들이 주도했던 PMC시장에 국내 업체들이 진입하도록 지원하겠다는 국가 전략을 수립했다. 명분은 PMC가 고부가가치 시장이기 때문이라는 설명까지 덧붙였다.

국내시장에 통상적으로 활용되고 있는 CM이 해외로 나가면 CMC가 아닌 PMC로 명칭이 바뀌는 현상을 어떻게 설명해야 할까? 국내 및 해외시장에서 PMC(project/program management consultancy)가 보편적으로 사용되는데 비해 CMC라는 용어를 찾아보기 어려운 이유

12. 스마트건설사업단(2021), 건설산업의 디지털 전환(스마트건설기술개발 사업 추진 배경에서 공공건설의 71%가 공기지연 발생됨을 언급)

가 있다. 미국에서는 CM 서비스를 2가지 유형으로 분류하고 있다. 시공이 포함된 CM 서비스를 'CM@R, CMr', 순수하게 발주자의 관리역할의 일부를 지원하는 'CMa, CM agency' 서비스가 있다. PMC에 대응하는 서비스가 CMa인 셈이다. 국제 시장에서는 CMa보다는 PMC라는 용어를 보편적으로 이용하고 있다. 정부가 PMC를 주력시장으로 포함한 것도 국제 추세를 따랐을 것으로 것으로 해석된다.

해당 사업의 타 입찰경쟁에 PMC의 참여를 제한하는 이유

인천국제공항1단계 건설사업의 PMC 선정을 위한 국제입찰안내서 작성 시 PMC로 선정되면 설계나 시공 등 타 입찰에는 참여 할 수 없는 조항을 삽입하기로 했다. PMC가 발주자와 통합사무소를 운영하게 되어 있기 때문에 발주자와 동등한 수준의 사업 정보에 접근이 가능하게 되면서 타 경쟁업체보다 사전에 정보 확보가 가능하여 경쟁에 참여 시 이해상충(conflict of interest)이 발생할 수 있다는 판단 한 것이다. 국제입찰에 참여한 대부분의 선진국 업체들은 이를 당연하게 받아들였지만 외국사와 컨소시움 형태로 참여한 국내업체들이 이의를 제기했었다. PMC 계약만으로는 만족하지 못하고 설계엔지니어링과 시공까지 참여 폭을 넓히고자 했다. 이의 제기에도 불구 해당 조항을 입찰안내서에 그대로 남겨두었다. 하지만 PMC 컨소시움 멤버 중 1단계 사업에서 꼭 필요한 전산시스템 구축 관련 서비스에 독보적인 역량을 보유하고 있는 업체가 포함되어 있었다. 시스템 구축을 위해 국제 입찰에 붙여도 이 업체의 역량을 넘어 설 수 없었다. 문제는 PMC가 해당 사업의 입찰경쟁에 참여 할 수 없다는 조항이 걸림돌이었다. 발주기관은 입찰경쟁이 아닌 수의계약을 체결하거나 PMC의 서비스 범위에 포함시키는 방안 등을 비교검토했고, 결론은 감사원의 지적을 받더라도 사업에 절대적으로 유리하다는 기관장의 최종 판단에 따라 수의계약으로 해결했다.

PMC를 설계엔지니어링과 구매업무를 한 계약패키지로 묶어 발주한 경우도 흔하다. 중동국가나 신흥국 대규모 개발 프로젝트에서 'engineering + PMC=EPM', 'engineering + procurement + PMC=EPM', 'engineering + procurement + construction management=EPCM' 등 설계엔지니어링과 구매, 혹은 공사관리를 PMC에 포함시켜 하나의 패키지로 경쟁에 붙이는 경우도 흔히 발견할 수 있다. 어떤 경우에도 PMC에 시공을 포함시키는 사례를 찾아보기 힘들다. 발주자의 관리 편의성과 위험 회피, 그리고 책임을 일원화시키면서도 발주자의 권리를 유지하고자 하는 경우 발주자가 선택 할 수 있는 방식이 'PMC + α' 패키지다.

국내 대형건설업체가 2~3곳이 주한미군기지이전 사업의 PMC 입찰에 참여할지 여부를 놓고 고민하는 현상을 목격했다. PMC에 참여하게 되면 금액이 큰 시공입찰에 참여기회를 박탈당하기 때문에 해당 업체는 고민하지 않을 수 없었을 것이다. 이에 비해 입찰에 참여한 미국의 글로벌 기업은 설계엔지니어링이나 시공보다 PMC 서비스에 더 관심을 두고 입찰에 참여했다. 왜 이런 차이가 발생했을까? 이유는 수주액보다 원가대비 수익성을 따지는 방식 때문이다. 국내 업체들은 PMC의 10% 수익보다 계약액이 큰 시공수주액의 1% 이익을 더 선호한다. 국내 시공 중심의 업체들이 PMC 서비스 입찰경쟁에 참여하지 않기로 했던 배경이다. 이는 옳고 그름의 문제를 떠나 경영 목표와 전략 차이로 해석된다. 정부가 국내업체들의 해외주력 시장 상품으로 PMC를 포함시키면서 건설업체보다 설계엔지니어링업체에 집중하는 점도 국내건설업체들의 선호도와 관계있는 것으로 보인다.

한국의 CM · PM 시장에 혼선이 생긴 배경

국내 CM 시장에 아직도 혼선이 생긴 배경에는 공공 발주기관과 CM사업자 및 협·단체와의 보이지 않는 업역 다툼 때문이라는 게 필진의 추론이다. CM사업자 단체와 소속된 회원사 및 일부 학자그룹은 교과서적 이론으로 왜 공공 발주기관이 시장을 독점하느냐에 불만을 제기한다. 이 때문에 끊임없이 정부에 CM시장 몫을 내놓기를 주장한다. 제도가 만들어졌으니 시장을 만들어 달라는 주장이다. 건설 프로젝트의 생산성이나 효율성보다 일감 확보에 올인한다. 공공 발주기관은 조직 축소의 위기감 때문에 쉽게 역할을 내 주지 않는다. 정부는 시범적으로 CM발주를 공공기관에 강제 배정하기도 한다. 국토부가 최근 엔지니어링 산업체의 글로벌 역량을 강화하기 위한 수단으로 공공 발주기관에 시범적으로 PMC 발주를 요청하기도 했다. 그러나 여기 까지다. 필요가 아닌 제도에 의해 강제되는 것은 지속가능성이 없기 때문이다.

건설기술과 CM을 분리해 보는 시각에도 문제가 있다.

건설(construction)과 관리(management)를 따로 보는 시각 때문이다. CM제도 도입을 연구한 기관 소속 어느 한 선임연구자가 CM은 변호사 혹은 회계사가 주도하는 게 합리적이라는 주장까지 했었다. 이는 CM을 전문지식보다 서비스 시장 계약으로 보기 때문으로 이해된다. 발주자와 프로젝트가 필요로 하는 역할과 책임을 고려하지 않기 때문에 주장 할 수 있는 부문이다.

책임감리 역할의 연장선으로 보는 것도 CM을 왜곡시키거나 혼선을 야기하는 주요 원인으로 지적된다. 프로젝트의 출발점은 기획과 전략, 그리고 수행계획 수립부터다. 하지만 감리에는 기획이나 계획 기능이 없다. 제3자가 수립한 계획, 제3자가 수행하는 실적으로 비교하는 역할, 즉 검토와 확인 중심이다. 프로젝트 수행전략이나 관리체계 개발은 '전략과 계획(strategy & plan)' 개발이 핵심이다. 수행계획 없는 공정표는 그림에 불과하다. 마일스톤을 사전에 정립하는 것도 목적지 혹은 목표를 먼저 정하기 위해서다. 전략과 계획의 개발에는 반드시 결과에 대한 책임이 따르게 마련이다.

발주자 관점으로 프로젝트를 보면 시장보다는 직무 지식과 경험이 더 중요하게 인식하게 된다. 반면 계약자 관점으로 보면 인건비 시장으로 보게 된다. CM · PM을 인건비 시장으로 보면 전문지식이나 경험보다 발주자의 눈높이 맞춤을 더 중시하게 되고, 전문기술과 역할의 눈으로 보면 발주자 눈높이 맞춤보다 프로젝트에 주어진 목적 달성을 더 중시하게 되는 차이가 있다.

03

인프라 개발 사업(business)인가 프로젝트(project)인가?

2005년 비트켄슈타인이 유명한 오리 · 토끼 그림을 내놨다.
한 그림을 놓고 보는 사람에 따라 다르게 보는 것이다.
서로 다른 주장에도 불구하고 서로가 자기주장을 확신한다.
양쪽 모두 동일한 그림을 각기 다른 방향에서 보고 있기 때문이다.

이 그림은
인프라 개발 프로젝트 성격을 가장 잘 대변하는 그림이다.

비즈니스(business)와 프로젝트(project)의 차이

영어에서 비즈니스와 프로젝트에 분명한 차이가 있음에도 불구하고 한글에서는 사업으로 통칭하는 경우가 많다. 하지만 경영자 시각으로는 사업을 당연히 비즈니스(business)로 해석하고, 프로젝트에 참여한 사람은 사업을 프로젝트로 해석한다. 누구의 해석이 맞는가? 비즈니스는 시작은 있지만 끝이 없거나 정해지지 않는다. 일의 연속성이 보장되기 때문에 경상조직에 의해 비즈니스가 운영된다. 이를 우리는 흔히 경영이라 부른다. 이에 반해 프로젝트는 시작과 끝이 분명하게 존재한다. 둘 중 하나가 없으면 프로젝트가 아니다.

경상조직과 프로젝트 조직에 차이가 나는 것은 일의 성격 때문이다. 경상조직 내 직급과 직위, 프로젝트 조직 내 직급과 직위가 다른 이유는 일상적으로 처리하는 업무 성격이 완전히 다르기 때문이다. 경상조직은 변화가 작기 때문에 안정된 피라미드 조직으로 불린다. 이에 비해 프로젝트 조직은 다이아몬드 조직으로 불린다. 시간 경과나 진척도에 따라 일(work)이 달라지기 때문에 조직도 변하게 된다. 변화가 상시 일어나기 때문에 피라미드 조직에 비해 불안정한 느낌으로 비춰질 수 있지만 일에 따라 조직 구조가 변하기 때문에 살아있는 조직으로 불리기도 한다. 원자력발전소 건설의 경우 설계엔지니어링 착수에서부터 상업운전 개시일, 즉 준공까지 보통 9~11회 정도 사업조직 구조가 변하게 된다. 이를 당연하게 받아들이는 것이다. 준공 전까지는 분명 프로젝트지만 상업운전에 돌입하게 되면 더 이상 프로젝트가 아닌 수익성을 내야 하는 비즈니스로 변한다.

비즈니스는 수익성에 의해 유지된다. 가성비를 높이기 위해 원가(cost)

를 낮추어 판매 가격(price)을 최대한 높이려 한다. 하지만 프로젝트에서는 공기(time)와 원가(cost), 품질(quality)와 안전(safety)이 주 관리 대상이다. 프로젝트에서 가격(price)은 입찰과정에서 큰 힘을 발휘한다. 생산 원가를 낮추고 입찰자의 제경비와 이윤을 최대한 높이는 전략이 필요하다. 원가를 낮출수록 제경비와 이윤을 높일 수 있다. 다만 서비스 판매가격이 곧 낙찰여부를 결정하기 때문에 무한정 가격을 높일 수는 없다. 프로젝트에서 원가를 투입하지 않으면 공기를 지킬 수 없다. 공기를 단축하고 원가를 저감하면 품질 저하와 안전사고 발생빈도가 증가될 위험성이 높아진다.

비즈니스는 경기변동과 시장성에 큰 영향을 받는다. 프로젝트는 목표달성이 경기변동에 영향을 받지만 반드시 끝을 맺어야 한다. 2008년 미국발 국제금융 위기는 원자재 가격을 단기간에 급상승시켜 인프라 개발 프로젝트 원가에 심각한 위협을 주기도 했었다. 비즈니스 시각으로는 원가가 안정되길 기다릴 여유를 가질 수 있지만 프로젝트는 공기가 정해져 있기 때문에 마냥 기다릴 수는 없다. 진정되기를 기다릴 시간이 늘어날수록 간접비가 늘어나고 또 지체상금이 발생하기 때문이다. 일반적으로 프로젝트에 투입되는 원가(cost)를 자본비용(capital cost)로 부르는 이유는 수익성과 편의성을 목표로 한 투자(invest)로 인식하기 때문이다. 이런 관점으로 보면 프로젝트는 끝 점에서는 비즈니스와 연결된다. 비즈니스와 프로젝트 속성에 큰 차이가 있지만 완전히 분리할 수 있는 것은 아니다.

인프라 개발의 특성

건설시장이나 상품은 국제적으로 주문생산에 속한다. '선 주문(발주), 후 생산'이 원칙이다. 수요가 없는 곳에 프로젝트 서비스도 없다. 문제는 수요를 어떻게 파악하고 측정할 것인지에 정답이 없다는 것이다. 산업단지를 조성하기 위해 교통이나 에너지, 상하수도 등 인프라를 먼저 구축하는 것이 정답인지 아니면 동시에 하는 것이 정답인지 불명확하다. 인천국제공항1단계 건설의 경우 육지에서 섬(영종도와 용유도)으로 연결하는 접근 교통시설이 먼저 건설되어야 하는 것이 정답으로 인식되었지만 실제는 공항시설이 먼저 착공되었다. 이 때문에 근로자와 물류 이동에 상당한 지장을 초래했었다. 주거시설은 절대 다수가 '선 수요, 후 공급'원칙이 좌우한다. 하지만 교통시설의 경우 정책과 정치에 의해 수요와 공급원칙이 무너지는 경우도 흔히 발생한다. 정도는 아니지만 일어 날 수 있는 현상이다. 특정한 목적을 내세워 수요보다 공급이 앞서는 경우가 흔히 발생하게 된다. 대표적으로 도쿄 우에노와 니이가타를 연결하는 신칸센철도(도카이도선)가 다나까 일본 전수상의 고향이 니이가타 근교이기 때문에 경제성과 무관하게 개발되었다는 건설 초기부터 논란이 많았던 메가 프로젝트였다.

이처럼 정책과 정치적 판단에 따라 탄생되는 메가 프로젝트는 '선 수요, 후 공급' 원칙이 지배하는 경우 프로젝트와 비즈니스 간 경계선이 애매해지는 경우가 흔히 발생하게 된다. 도카이도선도 건설 초기와 달리 노선 개통으로 니이카다 지역에 관광객들이 늘어나는 효과가 있었다고 한다. 그러나 자칫하면 공기와 투자비의 관리 목표가 수시로 변하는 이른바 '움직이는 과녁(moving target)'이 될 수 있다. 이 경우 정상적인 프로젝트 관리에 추가적인 조처가 필요해진다.

정책 및 정치적 선택에 따라 탄생한 메가 프로젝트의 대표적인 사례가 새만금 개발 프로젝트다. 새만금개발 프로젝트는 보편적인 건설 프로젝트(선 수요, 후 공급)와 달리 '선 공급, 후 수요'가 지배하는 메가 프로젝트다. 공급이 새로운 수요를 만들어내는 구조다. 정부 정책과 전략에 의해 탄생된 프로젝트이기 때문에 정부와 정치권의 영향, 즉 외생변수가 국내 · 외 기타 프로젝트보다 훨씬 크게 작용할 수밖에 없는 상황이었다. 2021년 2월에 발표된 제2차 새만금개발 기본계획에 2030년까지 78%, 2050년까지 100% 달성이라는 목표가 들어 있다. 다만, '선 공급, 후 수요'라는 특성으로 인해 국가의 재정 여력에 따라 범위와 목표 연도가 수시로 변할 가능성이 높다. 공기와 투자비가 '움직이는 과녁'이 될 가능성이 높다. 이 메가 프로젝트의 경우 시간과 투자비와 전쟁에 앞서 정책과 정치가 설정했던 당초 목표를 어떻게 지속적으로 유지 할 수 있는지에 대한 특별한 조처가 필요하다. 더구나 정부가 추산한 총 투자비 22.19조원에 다양한 기관들이 관여하고 있기 때문에 프로젝트관리에 상당한 어려움이 예상된다.

경상업무는 시간이 지나면 해결되는 게 보통이지만 프로젝트는 시간이 가도 성과가 없으면 공기 지연과 함께 간접비가 엄청나게 늘어나는 부작용이 발생한다. 따라서 이런 문제점을 최소화하기 위한 수단으로 메가 프로젝트에서는 강력한 관제탑(control tower) 역할을 하는 'PM+PMS+PMC' 체계를 구축하여 운영하게 된다. 관제탑에서의 관제 역할은 공공시행기관인 새만금개발청이 주도하게 되지만 시스템(PMS) 구축과 운영, 그리고 청의 역할을 보완하는 수단으로 PMC 서비스가 동원된다. 과거에는 강력한 카리스마가 현장에서 진두지휘하는 목소리에 따라 전체 조직이 일사분란하게 움직였다. 그러나 프로젝트의 규모와 개별 시설, 그리고 다양한 이해집단이 공존하는 시대 상황에서는 1~2명의 강력한 목소리보다 데이터 기반의 객관적이고 신뢰성 높은 관제탑 신호가 지배하게 된다. 이것이 목소리보다 시스템이 지배하는 프로젝트관리 체계(PMS) 구축이 필요하게 된 이유다.

인프라 개발 비즈니스인가? 프로젝트인가?

현재 진행중에 있는 새만금개발 프로젝트는 국내 최대 프로젝트이면서 동시에 비즈니스와 프로젝트 양면성을 동시에 갖추고 있는 독특한 메가 프로젝트다. 시작은 분명 국가 정책과 비즈니스로 출발했지만 건설이 진행되고 있는 지금은 비즈니스 성격보다 프로젝트 성격이 강하다.

새만금개발은 수익성을 낼 수 있는 시설, 즉 비즈니스 시설이 들어서기 위해서는 공항이나 항만 등 교통인프라, 상업시설에 에너지를 공급하는 에너지인프라, 사람과 시설이 공용하는 수자원인프라 등 생활 인프라(교통, 에너지, 통신, 상ㆍ하수도, 환경시설 등) 구축이 선행되어야 한다. 인프라는 수익성보다 수익성을 생산하는 경제활동을 지원하는 기반시설 역할이 중심이기 때문이다. 이처럼 인프라 구축이 선행되어야 하기 때문에 2030년까지는 비즈니스보다 프로젝트 중심으로 공공시행기관의 역할과 기능이 보강되는 게 바람직하다. 하지만 이것이 바람직한 방향임에도 불구하고 국내 공공기관의 한계점으로서 비즈니스 돌입에 앞서 한시적인 프로젝트를 위해 조직과 인력을 일시에 동원 할 수 없다는 한계점이 있다. 경상 업무와 프로젝트 업무는 서로 다른 직무와 역량을 필요로 하기 때문이다. 더구나 프로젝트 기간이 정해져 있기 때문에 인력 운용과 증원에 유연성이 절대적으로 필요하지만 이를 제대로 관리하기 어려운 현실적인 문제가 있다. 공공기관 인력 운영의 제약성 때문에 불가피하게 외부전문기관을 고용하여 PMC 서비스를 활용 할 수밖에 없는 상황에 직면하게 되어 있다. 다만 이런 수요를 언제 누가 어떻게 빨리 파악하느냐에 따라 메가 프로젝트의 성패에 막대한 영향을 미칠 수밖에 없게 되어 있다.

새만금개발 프로젝트의 경우 2030년 이후부터는 프로젝트와 비즈니스가 공존하기 때문에 공공 시행기관으로서 새만금개발청의 기능과 역할도 자연스럽게 경상조직 형태로 변하게 된다. 조직 구조에 변화가 불가피해진다. 비즈니스가 시작되기 훨씬 전부터 공공 시행기관은 개발과 운영을 동시에 수행하는 조직체계를 설계해야 할 것으로 예상된다. 2031년부터는 프로젝트 중심에서 비즈니스 중심으로 무게 중심이 이동하게 될 것이기 때문이다. 프로젝트 중심조직보다 더 많은 외부 전문가 집단을 수시로 필요에 따라 고용하는 PMC 서비스가 확충될 것이라는 예상이다. 새만금개발 프로젝트는 2030년까지는 '프로젝트 주도, 비즈니스 지원' 형태가 될 것으로 예상되며 일부 상용시설이 가동되는 2031년부터는 '비즈니스 주도, 프로젝트 지원'체계로의 전환이 불가피해 보인다. 현 시점에서 공공시행기관의 조직 성격은 비즈니스와 프로젝트 간 경계선이 모호한 상태로 조직의 양면성을 동시에 가질 수밖에 없는 구조다. 다만 공공기관이라는 성격 때문에 프로젝트관리 역할 보강을 위한 외부 전문기관으로부터 PMC 서비스 활용이 불가피 했으리라는 판단이다. PMC 서비스 업무에 포함되지는 않았지만 '선 공급, 후 수요'라는 성격을 고려하면 수익을 추구하는 상업시설 유치를 위한 홍보 역할을 추가하는 게 바람직하다는 추정이다. 수요 창출을 위한 홍보 활동 강화가 시급하게 추진되어야 할 것으로 판단된다.

또 다른 사례로 인천국제공항1단계 건설 프로젝트는 신공항건설 수요는 비즈니스 관점으로 판단했다. 신국제공항건설 기획단계에서 전담조직보다 기존 공항운영조직 내 한 본부(한국공항공단의 신공항건설본부)의 조직과 인력을 확대하여 건설 프로젝트를 전담 관리하는 구상을 했었다. 경상조직에 프로젝트관리조직을 추가하는 개념으로 출발 한 것이다. 그러나 프로젝트의 규모가 경상조직 범위를 넘어서게 되면서 독립적인 조직(수도권신공항건설공단, 신공항건설공단)을 신설하기로 했다. 신공항건설공단은 건설 프로젝트를 위한 전담조직이기 때문에 완공 후 운영을 위한 조직의 성격과 대치되는 문제가 발생하게 됐다. 프로젝트 개념으로는 모든 업무를 정해진 기간에 완결해야 하는 문제지만 공단에 속한 개인의 직업 및 직장, 즉 생계문제가 걸려 있었다. 종결이 빠를수록 직장 불안이 커지게 마련이었기 때문이다. 프로젝트 완료가 곧 임직원의 일자리 상실과 연결되어 있었다. 프로젝트에서 공항 운영이라는 비즈니스로 넘어가는 시점에서 조직과 개인의 직장 수명을 연계시킬 방안 마련이 급선무였다. 프로젝트 일선에서 최선을 다하는 공단 임직원의 일자리를 보장하기 위한 전략과 방안을 검토하기 시작했었다. 프로젝트조직에 운영조직을 추가하는 개념에서 아예 조직 성격을 운영조직 중심으로 재편하고 프로젝트조직이 부속 부서 역할을 하는 방안으로 검토하기 시작했다. 공항개발이 4차에 걸쳐 확장되는 개념이었기 때문에 개항과 동시에 비즈니스와 프로젝트가 공존해야 했고 이것이 지금의 '인천국제공항공사'로 새로운 조직으로 탄생하게 된 배경이다. 프로젝트와 비즈니스의 직무와 직업, 그리고 직장에 대한 관계 설정이 메가 프로젝트에서는 극히 중요하다는 사실을 실감하게 된 것이다.

프로젝트와 비즈니스의 성공과 실패 이야기

세계 최대 국제 PM전문협의회기구인 PMI는 프로젝트 PM의 성공을 정해진 예산 범위 안에서 정해진 공기 준수(within budget, on time), 요구하는 품질과 성능을 충족(meet quality & performance requirement)시키면서 완성하는 것으로 정의했다. 프로젝트와 PM의 성공을 동일하게 보는 것이다. 여기서 눈여겨 볼 부문은 프로젝트와 PM의 성공을 정성적인 아닌 철저하게 정량적으로 평가하고 있는 부문이다. 비즈니스의 성공과는 다소 차이가 있다. 비즈니스 성공도 물론 목표하는 수익을 충족시키는 것이다. 하지만 비즈니스는 특성상 끝이 정해져 있지 않아 특정 시점에 성공 혹은 실패를 단정 짓기에 다소 무리가 있다. 또한 목표 수익성 달성이라는 측면 외 사용자 편의성이라는 정성적 가치가 상당한 비중을 차지하기 때문에 프로젝트의 성공과 실패를 단순 비교하기에는 다소 무리가 있다. 그렇기 때문에 프로젝트의 실패가 반드시 비즈니스의 실패로 이어지는 것은 아니며. 반대로 프로젝트의 성공이 비즈니스 성공으로 연결되지 않을 수 있다.

프로젝트와 비즈니스 모두에서 성공한 대표적인 해외 사례로 '스페인 빌바오의 구겐하임미술관'과 '미국 뉴욕의 엠파이어스테이트빌딩'을 들 수 있다. 1997년에 개관한 구겐하임미술관은 철광석 고갈로 쇠퇴하고 있었던 빌바오시를 살린 대표적인 프로젝트 명물이다. 인근 도시 팜플로나가 매년 소몰이 축제로 국제적인 관광명소로 자리잡고 있었지만 빌바오시는 쇠퇴하고 있었다. 하지만 구겐하임미술관 개관으로 인해 매년 입장 수입료만 5억달러[13]를 거둘 뿐만 아니라 팜플포나 소몰이 축제 관광상품과 연결하면서 탄광도시 빌바오를 관광도시로 탈바꿈시켰다. 한편, 1931년에 완공한 엠파이어스테이트빌딩은 최단기간과 최소비용이 소요됐다. 일부에서는 1929년 미국발 제1차 세계 대공황 덕분에 공기와 예산을 줄 일 수 있었다는 주장도 있지만 그래도 프로젝트 사례에서 가장 성공한 것으로 평가받고 있는 것은 물론 준공 후 90년이 지난 현재까지 뉴욕은 물론 미국 전체를 상징하는 랜드마크로 자리메김하고 있다.

반면, 프로젝트는 실패했지만 비즈니스로는 성공한 대표적인 해외 사례에는 '미국 보스턴 시의 순환도로 혁신', '프랑스 파리의 에펠탑', '호주 시드니의 오페라하우스'이다. 미국 동북부의 보스턴시는 미국 역사의 랜드마크 역할을 하는 오래된 도시다. 전통 도시의 흉물로 지적받아 왔던 고가도로를 지하화 시키는 프로젝트를 출범시켰다. 하지만 약 14km의 간선도로를 지하화 시키는 데 예산은 6.6배 증가했고 공기는 10년 이상이 지연[14]되었다. 프로젝트로서는 대단한 실패작이었다. 그러나 보스턴시는 이 간선도로 혁신으로 미국민의 자존심으로 불리는 보스턴시의 명성을 회복했다는 평가를 받고 있다. 1889년 프랑스 대혁명을 자축하는 해에 준공된 에펠탑은 건설 기간 중에는 혹평을 받았다. 프랑스가 자랑하는 예술가 모파상이 이끄는 예술가집단으로부터 예술의 도시 파리를 망가뜨리는 흉물이라는 비난을 끊임없이 받았다. 착공도 하기 전에 장소를 옮기라는 예술가집단의 항의로 파리시로부터 예산 지원을 중단 받기도 했다. 그러나 준공 후 에펠탑은 파리는 물론 프랑스를 대표하는 대표적인 랜드마크로 자리잡고 있다. 2013년 이태리 상공회의소는 에펠탑의

13. 김종훈(2020), 프리콘: 시작부터 완벽에 다가서는 일, 엠아이디
14. Boston Sunday Globe (1994), 'What went wrong?', 1994.08.03.

경제적 가치를 우리 돈으로 약 613조로 평가 할 만큼 높게 평가했다. 매년 7백만명의 유료관광객으로부터 입장료 수입을 올리는 것만으로도 비즈니스의 가치는 프로젝트의 가치를 훨씬 초과하고 있는 것이다. 프로젝트 및 PM의 대표적 실패작으로 호주 시드니의 오페라하우스도 프로젝트의 목표 공시보다 6년이 지연되었고 예산은 15배가 증가[15]되었다. 프로젝트 실패라는 혹평에도 불구하고 1973년에 완공된 오페라하우스는 매년 1천만명 이상의 관광객이 세계 각지로부터 몰려드는 호주 최고의 관광 상품이 되었다 오페라하우스는 인류가 만든 대표적인 건축물로 유네스코로부터 세계문화유산으로도 지명되기까지 했다. 호주의 랜드마크로써 국가 이미지를 격상시키고 동시에 세계 여행객이 찾고 싶어 하는 관광명소로 등극하면서 프로젝트 실패로 인한 손실을 이미 오래전에 탕감하는데 성공한 사례로 평가받고 있다.

프로젝트와 비즈니스 모두 성공한 대표적인 국내 사례는 '1970년에 준공한 경부고속도로'와 '2001에 준공된 인천국제공항(1단계)'다. 경부고속도로는 29개월이라는 초단기간에 km당 공사비가 1억원이 투입된 프로젝트였다. 한국도로공사에 따르면 2020년 기준 km당 건설투자비가 약 450억원 추정과 대비하여 엄청난 프로젝트 성공 사례다. 뿐만 아니라 경부고속도로는 한국의 경제성장 기적을 만들어 낸 1등 공신으로 국민[16]이 꼽는 대표적인 비즈니스의 성공 사례이기도 하다. 2001년 3월에 1단계 개항을 시작한 인천국제공항도 프로젝트 성공뿐만 아니라 개항 이후 국제공항협의회(ACI)에서 매년 평가하는 세계공항서비스평가(ASQ)에서 11년 연속 세계최고 공항으로 평가받으면서 비즈니스적으로도 성공

15. Bent Flyvbjerg (2017), The Oxford Handbook of Megaproject Management, Oxford University
16. 한경비즈니스 (2008), 경부고속도로 '끌고.. 올림픽 '밀고, 2008.08.13

한 대표적인 사례이다. 공항 운영의 품질 면에서도 수화물 10만개 당 미탑재 건수가 0.7개 정도로 세계 공항 평균값 14.5개보다 월등하게 우수[17]하다. 인천국제공항은 국제공항 건설 프로젝트와 비즈니스 운영 모두에서 1995년 이후 지금까지 세계 최고의 벤치마킹 대상이 되고 있다.

건설 프로젝트는 실패했지만 비즈니스 운영으로는 성공으로 평가받는 대표적인 국내 사례는 경부고속철도(KTX)다. 프로젝트가 실패로 평가받는 이유는 예산이 계획보다 약 3.5배 증가했고 완전 개통이 2001년 말에서 2010년 10월로 약 98개월이 지연되었기 때문이다. 하지만 이러한 지연 개통에도 불구 운영 단계에서는 국내 육상교통 및 철도교통의 혁명으로 평가받을 만큼 국민의 교통수단으로 자리 잡고 있다.

17. 이복남(2020), 세계 최고의 공항이 된 인천국제공항의 건설사업을 성공으로 이끈 PMC 이야기, 서울대학교 출판문화원

04

공공기관과 PM 조직의 양면성

로마신화에 등장하는 야누스는 문을 지키는 수호신이다.
한 개의 문은 입구와 출구 2가지 역할을 한다.
공공시행기관은 공조직과 프로젝트조직의 양면성이 있다.
하나의 조직이지만 서로 다른 2개의 얼굴을 가지고 있다.
'따로, 또 같이' 두 길을 동시에 걸어야 한다.

국내 공공기관이 시행하는 인프라 개발 프로젝트에는
사업책임자(project manager)가 없다.
이는 장군 없이 전쟁을 치루는 것과 같고,
지휘자 없이 오케스트라를 공연하는 것과 같다.

프로젝트라는 전쟁의 패배는 누구의 몫인가?

공공기관의 두 얼굴

국내 '10-10' 메가 프로젝트는 민간이 추진할 때와 공공이 추진할 때와는 전혀 다른 조직 형태로 전개된다. 민간기업의 경우 규모가 아무리 크더라도 개발 프로젝트가 일회성이거나 혹은 단타성에 그칠 경우 별도로 독립된 조직을 신설하기보다 개발 프로젝트 담당부서를 지정하고 대부분의 프로젝트관리 업무는 외부 전문기관을 통해 해결하려 한다. 공공개발 프로젝트의 경우 몇 가지 경우로 나뉜다. LH나 한국도로공사와 같이 메가 프로젝트를 연속적으로 시행하는 전담조직이 있다. 국내 대부분의 공공공사는 인프라 시설을 운영하는 비즈니스 경영과 개발 프로젝트를 관리하는 조직, 즉 PM 역할과 책임을 동시에 수행한다. 이론적으로는 비즈니스를 통해 얻는 수익을 메가 프로젝트에 재투자하는 형태다. 또 다른 시행조직 형태는 '00공단' 혹은 '00사업단'을 구축하는 경우다. 00공단이 시행하는 개발 프로젝트는 대부분 소요 예산 조달이 공적 자금으로 충원된다. 약간의 운용 수입이 있기는 하지만 신규 개발 프로젝트에 재투자할 만큼 크지 않다. 국내 철도시설 개발 프로젝트를 전담하는 '국가철도공단'과 주한미군기지이전 프로젝트(YRP)를 전담하기 위해 국방부가 설치했던 '주한미군기지이전사업단'이 그 대표적인 사례다. 특별법에 의해 추진되는 메가 프로젝트의 시행전담 조직은 '00청'의 형태로 나타나며, 그 사례로는 '행정중심복합도시 건설청'과 '새만금개발청'이 있다.

본 고에서는 새만금개발청을 사례로 들어 국내 제도에 의해 특수 목적의 메가 프로젝트 전담 관리를 위해 설립된 공공기관에 내재된 현안을 설명하고자 한다. 프로젝트는 변화 없는 상수(constant)보다는 수시로 변하고 또 예측하기 힘든 변수(variable)에 의해 조직 구조가 지배를 받을 수밖에 없기 때문에 프로젝트 조직은 시간에 따라 변하는 업무 맞춤형 조직 구조로 갈 수밖에 없는 특성이 있다. 하지만 새만금개발청은 메가 인프라 개발인 새만금개발 프로젝트를 위해 특별법에 의해 설립된 정부 직속의 공공기관이다. 공공조직은 법에 의해 설립되었기 때문에 정부 조직법에 따라 제정된 청 내규에 따라 운용되며, 즉 정부 조직법에 의해 정해진 내규에 따라 경상업무를 수행해야 한다. 프로젝트 조직이지만 정부 조직이기 때문에 시작은 있지만 끝이 없는 반복 업무를 수행하게 된다. 조직 구조에 큰 변화가 없는 상수가 지배하는 경상조직인 것이다. 기관 조직 운영 내규는 기관 내 및 기타 정부기관과의 협력에는 유효하지만 프로젝트관리 업무와는 완전히 다르다. 공공기관 조직의 업무분장(roles & responsibilities)과 프로젝트조직의 업무분장이 달라야 한다. 기관 조직 내 보직과 프로젝트조직 내 보직에 상당한 차이가 있다.

2007년 건설을 전담하기 위해 특별법에 의해 설립된 '00청'의 사업관리방안 수립 연구[18]에서 임직원의 하루 8시간 일과 중 정부가 기관에 부여한 경상업무에 약 60%의 시간이 투입되고 있음을 확인했었다. 프로젝트에 투입 할 수 있는 시간적 여력이 40%에 불과했다. 새만금개발 특별법에 의해 초거대 개발 프로젝트를 총괄 관리하는 전담조직이 설립됐다. 프로젝트관리 수행 전략 수립을 위한 사전 분석에서 140여명의 임직원의 시간 할애가 프로젝트보다 공조직의 경상업무에 훨씬 많이 배정될 수밖에 없음을 확인하게 된다. 두 개의 서로 다른 공공기관이었지만 경상업무가 프로젝트관리 업무보다 훨씬 비중이 큰 공통점이 발견됐다.

새만금개발청의 경우 내규는 프로젝트에 참여하는 사업자 조직과 연결되지 못할 뿐만 아니라 통합이 어렵다. 개발청은 77개의 개별 프로젝트

18. 한국건설산업연구원 · 행정중심복합도시건설청(2007), 행정중심복합도시 사업관리방안 수립 연구 I 최종보고서

의 사령탑 역할을 해야 하는데 내규로 이를 완전하게 수용할 수 없는 한계가 발견된다. 새만금개발 프로젝트의 총괄 관리를 위한 각종 절차서와 매뉴얼(procedures & manuals) 개발을 통해서 이 역할을 하게 된다. 새만금개발 프로젝트를 운용하는 프로세스와 룰(rule)을 정립해 놓은 것이 절차서와 매뉴얼인 셈이다. 참여하는 조직 내규와 전혀 무관하게 오직 새만금개발 프로젝트만을 위한 일종의 프로젝트 수행 및 관리 법칙이다. 기관의 경상업무는 행정전산망을 이용하지만 프로젝트관리는 별도로 개발된 'PMS 내 PMIS'가 활용된다. 새만금개발청이 하나의 조직이지만 역할을 창과 방패 역할을 동시에 수행할 수밖에 없는 상태다.

기관 행정업무와 프로젝트 조직 내 PM업무에 충돌이 자주 일어날 수밖에 없다. 기관운영비보다 수천배나 많은 프로젝트 비용을 관리해야함에도 불구하고 공공기관이라는 특성은 시간을 다투는 프로젝트 업무보다 경상업무에 우선순위를 두는 게 일반적이다. 기관 소속 임직원의 인사고과 평가가 경상업무 중심이기 때문에 불가피하게 일어나는 현상이다. 기관 내 경상업무가 지연 될 경우 조직 내부에서 해결해야 할 문제로 귀결된다. 이에 반해 프로젝트관리조직의 의사결정 지연은 22.19조원 전체 프로젝트에 영향을 미칠 수 있다. 더구나 공공기관 임직원의 시각으로만 본다면 새만금개발 프로젝트는 일회성에 그치는 한시적 과제와 직무 일 뿐이다. 그러나 77개 프로그램과 연관된 참여자는 프로젝트 자체가 고유목적이기 때문에 체계적인 의사결정과 신속하고 정확한 의사결정을 절대적으로 필요로 한다. 공공기관의 입장과 프로젝트 참여기관의 입장이 서로 다른 것이다.

하지만 글로벌 시장에서는 프로젝트관리에 대한 절차와 규범을 정립하는 절차서(procedures)를 개발하여 적용하는 것이 일반적이다. 일종의 프로젝트관리를 위한 규범을 만드는 것이다.

두 얼굴을 하나로 만드는 법

정부조직법이나 지자체에 의해 설립된 공공기관은 역할과 조직 설립 목적 인프라나 혹은 특정시설 개발 프로젝트의 PM 역할을 수행해야 하지만 동시에 경상조직에 부여된 역할도 수행 할 수밖에 없다. 하나의 조직이 서로 다른 두 가지 역할을 동시에 수행해야 하는 셈이다. 국내 공공시행기관 대부분은 개개인에게 1인 2역이 부과되는 셈이다. 공공기관 조직에서 위로 올라갈수록 관리범위와 역할, 책임이 커지게 마련이다. 국내 공공조직의 특성상 잘못된 의사결정이나 경상업무 수행 실수는 문책 대상이 된다. 반면, 잘한 일에 대해서는 당연한 것으로 별다른 인센티브는 없다. 이와 같이 실패나 실책에 대한 패널티는 크지만 인센티브는 없는 완전히 기울어진 저울 상태다. 그럼에도 불구하고 공공시행기관은 PM으로써 종합관제탑 역할을 해야 한다. PM의 의사결정 지연은 때로는 전체 프로젝트 공기 지연과 예산 증가의 원인이 될 수 있다. 잘못된 의사결정이나 의사결정 지연이 프로젝트 상황을 수시로 파악하지 못한 상태에서 흔히 발생하는 일종의 'project error'다. 문제는 공공시행기관이 중심이 된 PM의 의사결정이 기관내 보다 메가 프로젝트 관련자들에게 더 큰 영향을 미친다는 데 있다. 이는 마치 공항 관제탑에서 항공기 이착륙이나 유도로 배정을 제어하지 못할 경우 공항 전체가 마비되는 것과 다를 바 없다.

공공시행기관에 내재된 두 얼굴의 역할을 하나로 만들기 위해서는 기관의 고유 역할과 PM 역할을 하나로 묶는 방법이 있다. 국내에서는 보편적으로 발주자의 기능과 역할을 아웃소싱(예, 감리나 CM 등)하는 경우 발주청 사무소와 완전히 격리된 별도의 조직과 사무실을 둔다. 예외적인 경우도 있다. 원자력발전소 건설현장 사무소나 인천국제공항 1단계 건설 프로젝트의 경우 발주자 조직에 PMC 서비스 조직을 통합하여 통합사무소(IPMO, integrated program/project management office) 형태로 운영하여 경상업무와 PM 직무를 동시에 성공시켰다. 시행기관 내부 조직에서 프로젝트 업무를 일상으로 접해야 하는 부서의 경우 PMC 서비스 인원을 카운터 파트너(count partner) 개념으로 배치하는 방식이다. 경상업무는 시행기관이 전담하지만 프로젝트 의사결정이나 진행 상황은 카운터 파트너의 도움을 받아 1인 2역을 수행하는 방식이다. 미국의 경우 공공기관이 추진하는 메가 프로젝트의 경우 IPMO운영을 당연시 하고 있다. 필자가 1991년에 벤치마킹 목적에서 방문했던 미국 덴버국제공항건설의 경우 건설 프로젝트를 총괄 관리하는 IPMO 조직 내 모든 사람의 명함에 이름과 부서만 다를 뿐 프로젝트명과 로고가 새겨져 있었다. 별도로 묻기 전에는 원소속 기관이나 기업을 알 수가 없게 되어 있었다. '10-10'의 거대 프로젝트의 관제탑 조직 문화를 단기간에 확보하는 방법으로 'IPMO+one biz card(명함)' 도입을 적극적으로 검토하고 도입할 필요가 있다.

05

PM, PMS, 그리고 PMC 사용법

국민개인소득이 $1,500였던 시기에
원자력발전소 건설프로젝트의 PMC 서비스 중
공정관리를 체계적으로 수행하기 위해 $220,000 공정관리 소프트웨어
프로그램 사용권을 구매했다.
사용권 검증을 위한 시연에서 사업본부장이 자랑스럽게 말했다.
원전건설의 공정관리는 완전히 자동화되었다고...
1993년 단군 이래 대한민국의 최대 국책사업으로 불리는
초거대 프로젝트 기공식에 대통령이 참석했다.
대통령 축사에서 첨단기술이 동원되는 프로젝트인 만큼
공정관리에 CPM기법을 도입하라고 주문하셨다.

세계 최고 PM 기술수준을 자타가 공인하는
미국 기업이 유로터널 건설프로젝트와 PMC 서비스 계약을 체결했다.
해당 기업은 공정관리를 CPM이 아닌
'time chainage method, TCM' 기법을 활용하여 공정관리를 성공시켰다.

발주자, PM과 PMS, 그리고 PMC

건설프로젝트에서 설계엔지니어링과 시공 등 목적물(deliverable)의 직접 생산을 제외한 나머지는 발주자의 고유 역할이다. 발주자 없는 건설프로젝트는 존재할 수 없다. 건설프로젝트는 발주자와 설계엔지니어링, 그리고 시공이 기본적으로 3축을 이룬다. 글로벌 표준은 발주자의 고유 역할을 PM(project management)으로 정의한다. 발주자 역할 PM은 '누가(who), 무엇(what)을, 언제(when)'에 집중되어 있다. 반면, 발주자 위탁에 의해 목적물을 생산하는 계약자인 설계엔지니어링과 시공 서비스 제공자는 '왜(why), 어떻게(how), 어디(where)'에 역할이 집중된다. 프로젝트의 '5W 1H'가 톱니바퀴처럼 잘 맞물려가야 성공할 수 있다. 이러한 톱니바퀴 설계는 발주자의 역할과 책임, 즉 PM의 고유 업무이기도 하다.

발주자는 PM 업무를 논리적이고 체계적으로 수행하기 위해 절차서와 지침서, S/W와 H/W와 같은 프로그램을 구축하여 운영하게 된다. 이를 흔히 'PMS(project management system)'로 정의한다. 전 세계에서 모든 프로젝트에 사용할 수 있는 PMS는 존재하지 않는다. 아니 존재할 수 없다는 말이 더 정확한 말이다. 공학기술 S/W는 입력 데이터만 바꿔 모든 대상에 전 세계가 동일하게 활용 할 수 있지만 PMS는 프로세스 설계가 기본인 절차서 및 매뉴얼, PM 조직과 인력, 그리고 S/W 패키지 및 데이터베이스 등 3각 편대가 기본이며, 이 3각 편대가 받쳐 주지 않으면 비록 PM 직무 수행을 위한 도구(tool)이기는 하지만 무용지물에 불과하다. 일반 IT 전문업체나 데이터베이스 전문업체가 앞서 언급한 3각 편대 없는 PMS S/W 패키지를 앞세워 메가 프로젝트를 관리 할 수 있다는 자신감은 국내에서만 통 할 수 있다. PM은 상업성보다 사용자의 수요를 더 중시하기 때문이다.

공공 시행기관 혹은 공공발주자가 자신의 역할 및 책임을 성공적으로 수행하는 데 조직과 인적자원, 전문지식과 경험이 충분하지 않다고 판단할 경우 발주자 역할의 전부 또는 일부를 제3의 전문기관에 위탁하는 것을 'PMC(project management consultancy)'로 정의한다. PMC 서비스 계약자는 해당 프로젝트에서 발주자와 프로젝트를 모니터링하고 분석하는 데 객관적이어야 한다. 또한, 해당 프로젝트에서 경쟁 입찰에는 참여하지 말아야 한다. 발주자 역할의 대행기관이 설계엔지니어링 및 시공 입찰에 참여하는 것은 '이해상충(conflict of interest)' 가능성이 높기 때문이다. 경부고속철도나 인천국제공항1단계 건설프로젝트 PMC 국제입찰안내서에 이 조건을 삽입했던 이유도 이런 배경 때문이었다. 국내에서는 극히 예외적이기는 하지만 원자력발전소 건설의 경우는 발주자의 편의성 및 필요성에 의해 설계엔지니어링과 PMC를 한 패키지로 위탁하기도 한다. 국제 발주 프로젝트에서 발주자가 '기본설계엔지니어링+PMC'를 하나의 패키지로 묶어 발주하거나 수의계약을 요청하는 경우가 간혹 발견되기도 한다. 물론 PMC 서비스 계약 체결 후 발주자가 필요에 따라 추가 업무로 설계엔지니어링이나 시공의 일부를 위탁하는 경우는 예외로 봐야 한다.

국제공항개발, 새만금개발, 철도노선 개발, 반도체공장 건설 등은 '10-10'을 넘어서는 메가 프로젝트다. 특별법에 의해 설립된 공공시행기관이나 기존 공공기관 내 '00 사업단' 등은 공조직의 특성상 자체 조직만으로 공공행정업무와 PM을 독자적으로 수행하기 어렵다. 선진국일수록 메가 프로젝트에서 PMC 이용은 선택의 문제가 아닌 필수 과정으로 당연시 한다. 경부고속철도, 인천국제공항, 새만금개발 프로젝트에서 PMC 활용은 선택이라고 보기보다 필연적 결과이다. 따라서 '왜(why) PMC?' 의문을 갖기보다는 '어떻게(how)'를 고민해야한다. 어느 수준으로 어떻게 공공기관 및 발주자 역할의 일부를 위탁할 지에 대한 정책과 전략, 즉 'PMC 사용법'을 정립하는 것이 바람직하다. 이 것 이 이 책자를 내게 된 이유 중 하나이다.

프로젝트, 프로그램, 그리고 포트폴리오 무엇이 다른가?

일상생활에서 간간히 발생하는 회식(?) 추진도 하루 혹은 몇 시간 걸리는 일종의 프로젝트다. 스페인 바로셀로나에서 가우디는 200년 걸리는 성당(샤그라다 파밀리에) 건립 프로젝트를 시작했다. 조선 제22대 정조대왕은 세계 최초 계획도시인 수원 화성 프로젝트를 시작했고, 10년을 계획했지만 3년이 지나기 전에 완공했다. 경기도 광주시 퇴촌면에 100년을 계획하는 성당건립 프로젝트도 진행되고 있다.

2021년부터 시작되는 한국판 뉴딜 사업은 2025년까지 160조원[19](국고 114조, 민간 · 지자체 46조원), 새만금개발 약 22.19조원(정부 추산액), 가덕도신국제공항개발 28조원 등은 거대 인프라 개발의 역사를 바꿀 만큼 초거대 프로젝트다. 새만금개발 프로젝트의 종합사업관리 자문참고자료[20]에 의하면 개발사업이 총 77개(사업지역 내 74개, 사업지역 외 3개)로 분류되어 있다. 이처럼 기반시설 1개에 다수의 개발 프로젝트 및 계약패키지로 다시 분류된다. 예를 들어 1개의 공항프로젝트가 220

19. 매일이코노미(2020), 2021 대예측, 매일경제신문사
20. 새만금개발청(2021), 새만금 종합사업관리 참고자료

개[21]의 프로젝트 혹은 계약패키지로 세분화된다.

프로젝트와 프로그램, 그리고 포트폴리오는 프로젝트의 수직분류체계, 사람에 비유하면 프로젝트의 족보와 같다고 생각하면 된다. 족보에서 최상부에 있는 성씨의 시조가 곧 포트폴리오다. 같은 성씨지만 문파별로 분류되는 족보에 해당하는 것이 프로그램이다. 일반적으로 족보의 맨 아래에 자식이 있다. 프로젝트 족보에서 맨 아래에 자리한 것을 개별 프로젝트에 해당한다. 시조와 문파, 그리고 자식이 혈연으로 연결되어 있듯 포트폴리오와 프로그램, 프로젝트도 수직으로 연결되어 있다. 물론 예외적으로 완전히 독립된 개별 프로젝트를 묶음으로 관리하는 프로그램도 있다. 이는 관리의 편의성 때문일 뿐이다. 원자력발전소나 신국제공항 등은 메가 프로젝트지만 시행주체와 운영 주체가 단일 기관이다. 새만금 개발이나 뉴딜 사업은 시행주체는 하나지만 완공 후 운영 주체는 물론 개발 프로젝트 자체에 민간자본과 지자체 예산이 동원되기 때문에 다양한 기관이 관여하고 있다. 따라서 PM과 PMC, 그리고 PMS 개발 및 운영도 차별적으로 접근해야 성공 할 수 있다.

우리나라는 '프로젝트'를 '사업'과 동일 시 한다. 프로그램이 존재하지 않기 때문에 일부에서 편의성으로 '종합사업관리'라는 용어로 개별 프로젝트와 차이를 두는 경우가 있다. 실제 경부고속철도와 인천국제공항1단계 PMC 서비스 계약서에 프로그램관리(경부고속철도는 'program management advisory service', 인천국제공항1단계는 'program management service')라는 신조어(?)를 외국사가 처음 제안하고 계약서에 이렇게 사용했다. 행정중심복합도시 개발 프로젝트 전략 수립 당시에는 'portfolio management' 용어 사용을 제안했으나 생소하다는

21. 한국전력기술 외 3개 기관(2001), 인천국제공항건설(1단계) 사업관리 최종보고서

이유 때문에 사용하지 못했다. 새만금개발 프로젝트의 경우 'program management'를 사용했고, 개별 프로젝트관리와 차별화시키는 전략이 효과적일 것으로 판단한 것으로 보인다. 따라서, 신규로 개발되는 신국제공항, 한국판 뉴딜, 철도신설 등은 프로젝트관리보다 프로그램관리로 접근하는 것이 실효성과 유연성을 동시에 확보 할 수 있다는 판단이다.

PM 레벨별 다른 역할과 전문성이 필요한가?

1990초 경기도 광주시 퇴촌면 100년 성당 건립 프로젝트 현장을 방문한 적이 있다. 과연 100년 소요 건설프로젝트는 어떻게 공정관리를 하는지, 또 어떤 공정관리 S/W 패키지를 사용하는지가 궁금했다. 당시 산업체가 이용하던 공정관리 S/W 패키지 대부분 시간 축이 최대 30년이라는 한계성을 가지고 있었던 시대였다. 그렇다면 100년이라는 시간을 어떻게 공정관리 S/W 패키지에 담았을지 호기심이 발동했다. 건설 현장에는 간간이 일하는 석공만 보였다. 그러나 일하는 석공보다 구경하는 사람이나 카톨릭 성지를 방문하는 여행객들이 훨씬 많아 보였다. 몇 차례 현장 방문에도 불구 현장관리 책임자(현장소장)가 누구인지 찾지 못했다. 3~4차례 방문 후 필자는 이런 결론을 내렸다. 퇴촌면에 짓고 있는 100년 성당은 착공일은 있어도 준공일은 정해지지 않았다는 사실이다. 예산이 신도 혹은 독지가의 자발적 기금에 의존하기 때문에 PM 역할 중 투자비 관리(capital cost estimating & control) 역할은 필요하지 않은 것이다. 준공일이 정해지지 않은 프로젝트에 공정관리를 위한 공정표가 없는 것이 당연했고 또 공정관리 S/W 프로그램도 필요하지 않다는 결론을 나름대로 내렸다. 100년 성당 건립 프로젝트에서 PM과 PMS는 필요하지 않다는 결론이다. 완성된 100년 성당의 외형 조감도는 있었지만 완성된 설계도가 없었다. 그럼에도 한국의 100년 성당 건립은 시작과 끝이 반드시 있는 프로젝트라는 사실에는 변함이 없다.

2010년 어느 날 2박 3일 일정으로 울릉도에서 건설되고 있는 정수장 건립 프로젝트를 점검하는 단기 분석 프로젝트를 의뢰받았다. 기억으로는 정수장 건설 프로젝트는 추정 예산 160억, 공기는 3.5년이었다. 그러나 울릉군의 연간 예산 배정은 최대 20억, 평균 5억원 정도에 불과했다. 자연스럽게 예산에 맞춰 공사가 진행될 수밖에 없었다. 당시 정부는 약 230억원을 넘게 들여 국내 공공공사의 표준사업관리시스템으로 'CALS/EC 프로그램'을 개발했었다. 모든 공공공사에 이 프로그램을 활용하겠다는 야심찬 계획이었다. 단일 PMS로 국내 공공개발 사업 전체에 적용하겠다는 구상인 것이다. R&D 예산이 투입된 결과물인 만큼 검증 차원으로 울릉도의 정수장 건립 프로젝트에 시범 적용하기로 했다. 당시 울릉군은 경험과 관리부족을 이유로 프로젝트 전체를 공공기관(당시 수자원공사)에 일임한 상황이었다. 위탁받는 공공기관은 실무 경력 20년 정도의 과장급 직원을 현장에 파견했다. 정부 및 본사로부터 'CALS/EC 프로그램' 검증을 위한 시범 프로젝트로 선정되기는 했지만 방문 당시 현장 직원의 표정은 거의 공포심(?)에 가까웠다. 정수장 개발 총 예산보다 더 큰 S/W 프로그램을 활용하라니 두려움을 느낄 수밖에 없었을 것이다. 공공기관은 매년 작게는 수백억원, 크게는 수천억을 넘는 프로젝트를 발주 및 관리하고 있었다. 정수장 개발 프로젝트는 연간 최대 20억 공사에 과장 1명 파견도 부담스러울 정도로 작은 규모에 불과했다. 현지 담당자는 해당 공상의 연간 공사물량 정도면 시스템 없이 개인이 가진 경험과 수작업으로도 충분히 소화 할 수 있는데 굳이 수백억 원이 투입된 S/W 패키지를 활용해야 하는지를 필자에게 되물어 올 정도였다. 삽으로도 충분히 해결 가능한 터파기에 초대형 굴착기를 동원하는 것과 같은 경우였다.

다음 사례는 필자가 약 28조원으로 추정되는 국제공동 건설프로젝트에 대해 조직 및 경영, 프로젝트관리를 진단하는 국제평가단(7개국 15명 참여)에 한국 대표로 참가하면서 경험한 사례다. 일반적으로 한 호기당 약 5조원 정도가 투입되는 원자력발전소 개발 프로젝트에 종합공정표(IPS)에 담긴 activity 개수는 5,000개 이하로 구상하고, IPS 개발 및 운영을 위해 10명 이상의 전문가들이 투입된다. 물론 IPS를 기반으로 계약자별로 운영하는 공정표에는 작게는 300~400개, 많게는 30,000개 까지 다양하다. 동일한 프로젝트에서 공정관리를 하지만 규모와 책임에 따라 차이가 난다. 그런데 사례프로젝트는 공정관리를 위해 발주기관 조직 내 프로젝트관리 지원부서에서 20만개의 activity를 가진 공정표를 개발하고 있었다. 공정표 개발 당시 해당 조직의 총 인원은 10명 전후였다. 필자는 activity 개수를 최대 10,000개 이내로 줄이라고 평가했다. 당시 사업단에서는 필자의 평가에 상당한 반론을 제기했었다. 공정관리 S/W와 데이터베이스를 활용하는 데 activity 개수를 줄이라는 지적에 문제가 있다는 것이다. 이에 대해 필자는 발주자인 사업단의 인력 규모와 전문성으로는 계획 및 관리가 불가능하다고 설명했었다. 3년이 지난 2019년 재방문 시 activity 개수가 약 2만개 이하로 줄어들긴 했지만 필자는 여전히 1만개의 activity를 현재 종합사업관리 관제탑의 발주자가 관리하기에는 부담이 있다는 생각에 변함이 없다. 공정관리팀을 위한 공정관리가 필요하게 되는 현상이 우려되기 때문이다.

같은 용어 PM을 사용하지만 관리주체와 관리레벨에 따라 범위와 심도가 달라진다. 이러한 범위와 심도에 따라 동원되는 전문기술에 차이가 발생되는 것을 당연하게 받아들여야 한다. 예를 들어 공정관리 기법에 마일스톤, 바 차트, CPM, TCM 등 다양한 방식이 존재하기 때문에 관리 레벨에 따라 주 공정관리 기술이 달라지는 것과 같다. 옳고거름이나 정답 혹은 오답의 문제가 아닌 관리 환경에 따른 선택의 문제일 뿐이다.

PM과 분명히 다른 CM

국내 건설 시장에서 보편적으로 활용하는 CM은 메가 프로젝트와 공공 시행기관의 입장에서 보면 다음과 같은 한계성이 보인다.

첫 번째, 건설의 범위를 계획에서부터 유지관리까지를 포괄하고 있지만 현실적으로 건설은 '설계엔지니어링에서부터 준공'까지다. 그렇기 때문에 CM의 적용 범위를 건설의 생애주기로 확대시켜 놓은 것은 한국의 법리적 정의일 뿐이라는 해석이다. 법리적 해석과 실제 활용 범위와 용도에 차이가 분명하게 발생한다. 건설조직과 운영조직이 완전히 다르기 때문이다. 한시적 성격의 직무와 일상적 경상직무에는 분명한 차이가 있기 마련이다.

두 번째, 프로젝트는 투자비 규모와 기간에 따라 'portfolio, program, project' 등 수직적으로 관리체계를 구분하여 구축하는데 있는데 비해 CM은 계약 중심의 한계에서 벗어나지 못하는 문제점이 있다.

세 번째 한국의 CM은 발주자나 프로젝트 등 수요자 관점보다 서비스계약자 관점, 즉 계약적 구속력을 가지고 접근하기 때문에 수요자를 만족시키지 못하는 한계가 있다. 발주자의 역할 중 일부만을 위탁받아 수행하기 때문에 발주자의 기대 수준과 만족을 넘어서기 어렵다. 따라서 메가 프로젝트에서는 CM방식보다 PM방식으로 접근하는 전략적 선택이 요구된다.

PM 사용법

앞에 제시한 몇가지 사례는 PM과 PMS에 국제표준이 의미가 없음을 시사한다. 프로젝트 수만큼 PM과 PMS가 존재할 수 있다는 의미로 해석해도 좋다. 신국제공항개발이나 새만금개발 프로젝트는 거대한 만큼 관리 대상 및 등급(level)을 다계층화 시켜 관리 및 책임을 분담할 수밖에 없다. 족보 맨 아래 가족 개인을 관리하는 것과 가족, 문파를 관리하는 것은 관리라는 역할은 같아도 범위와 심도, 그리고 관리방식이 다르기 때문이다. 그리고 관리 레벨에 따라 전문성과 심도, 그리고 기법도 달라져야 한다. 이는 PM과 PMS이 수요 맞춤형으로 가야 함을 의미한다.

조직에서 직위와 직급을 따로 두는 이유는 역할과 책임이 다르기 때문이다. 엄격히 말하면 역할은 같아도 책임이 다르다. 역할 및 책임 차이가 곧 기술 및 기법에 큰 차이다. 경부고속철도 기공식에서 대통령이 공정관리에 CPM기법 도입을 주문했던 것은 기법 자체보다는 과학적이고 체계적으로 공정관리를 해야 함을 강조하는 차원으로 언급한 것으로 해석된다. 하지만 준공 일을 반드시 지키라는 주문이 오히려 더 효과적이었으리라는 나름의 판단이다. 즉, 대통령 혹은 고속철도건설공단 CEO는 공정관리기법보다 마일스톤을 강조하는 역할이라는 것이다.

본 고에서는 PM 역할과 책임분담을 설명하기 위해 PM 역할 중 비중이 큰 공정관리(planning & scheduling)를 예를 들어 사용법을 설명하고자 한다. 공공재정으로 개발되는 인프라 구축 사업은 대부분 메가 프로젝트다. 메가 프로젝트에 해당하는 신국제공항개발 혹은 새만금개발 프로젝트의 총괄 사령탑의 장(長)은 두 개의 모자를 쓰고 있다. 공공기관의 경상업무를 대표하는 기관장(CEO)으로서의 모자와 메가 프로젝트의 주요 마일스톤과 진도(progress)를 관리하는 프로젝트관리(PM) 사령탑 장인 프로젝트총괄책임자(PD, program/project director)로서의 모자다. CEO의 하루 일과 중 90% 이상이 대외 창구 역할을 하는 데 소비된다. 프로젝트에 투입할 수 있는 시간적 여력은 아무리 많아도 10% 미만이다. 이런 CEO를 위해 메가 프로젝트를 수시로 파악할 수 있는 'dash board' 을 디자인 하는 것은 매우 중요하다. 1컷이지만 메가 프로젝트 전체를 한 눈에 파악 할 수 있도록 해야 한다. 고구마 줄기처럼 수직체계로 연결된 정보 집합체와 연결되어야 한다. 주관적 판단이 아닌 데이터 기반 정보 분석의 결과가 요약되어야 한다는 의미다. 새만금개발 프로젝트와 같은 대규모 사업인 경우 77개의 개별 프로그램 혹은 프로젝트로 나눠진다. 시작과 끝만 표시해도 관리 대상이 154개(77x2)나 된다. 개별 프로젝트 중 하나라고 하지만 공항의 경우 200개 이상의 계약 패키지로 나눠 발주된다. 작게는 수십 개, 많게는 수백 개의 activity가 관리 대상이 되는 것이다. 메가 프로젝트일수록 국민과 세계적인 관심을 끌 수밖에 없다. 방문객은 물론 CEO 맞춤형 보고체계를 어떻게 설계하고 구축해야 하는지가 매우 중요해진다. 보고체계 설계 자체가 고도의 전문지식과 경험을 필요로 하는 부문이다.

세계에서 가장 간단하고 확실한 공정관리 기법은 마일스톤이다. 마일스톤에 순서는 있지만 기간은 'zero'이다. date만 표시 될 뿐이다. 77개 프로그램 혹은 프로젝트에 가장 유용한 공정관리 기법은 'bar chart' 공정표 관리다. 바 차트 공정관리기법을 CPM기법과 비교해 낡은 기술이라는 주장은 잘못된 상식이다. 관리 대상에 따라 맞춤형 공정관리 기법에 차이가 있을 뿐이다. 국내에는 잘 알려져 있지 않지만 세계 최고 수준의 미국 기업이 유로터널 건설프로젝트 PMC 서비스 중 사용한 공정관리 기법은 보편적 CPM이 아닌 TCM (time chainage method)기법이었다. TCM 기법이 반복공사 중심인 터널이나 아파트 건설현장 모두 에서 누구나 쉽게 이해 할 수 있고 공종별(예, 굴착, 라이닝, 전력과 신호, 통신 등) 착공 가능 시기를 쉽게 파악 할 수 있는 공정관리기법이기 때문이다. 체계적인 공정관리 기법이 CPM뿐이라는 확신은 지식과 경험 부족에서 오는 한계라는 판단이다.

공정관리는 일정(date, duration)관리와 진도율(progress, %)관리로 구분할 수 있다. 일정관리는 '시간관리', 진도율 관리는 '업무량 측정'이 중심이다. 대외적으로 국민과 정치권에게 가장 쉽게 잘 파악될 수 있도록 하는 수단으로는 '진도율 관리'가 더 효과적이다. 관리 레벨과 관리 대상, 대내, 대 · 외용 목적에 따라 'PM+PMS' 개발과 운영이 수요 맞춤형으로 사용되어야 한다. 수많은 프로젝트에서 PMC 역할이 마치 PMS 운영이 전부인 것으로 인식하고 있다. 이 경우 'PMC를 위한 PM', 'PMS를 위한 PMC', 'PM을 위한 PM'과 같이 전혀 다른 방향으로 전개되어 길을 잃을 버릴 수 있다. 잘못 되풀이 되는 것을 방지하기 위해서는 프로젝트와 발주자 요구 눈높이에 맞추는 것이 중요하다.

N
E
S

06

독자 PM과 연합 PM 사용법

인간의 뇌는 무게로는 몸무게의 2% 내외지만
인간의 생각과 행동을 지배한다.
뇌가 정지되면 인간의 수명도 정지된다.

관제탑 역시 전체 공항 면적의 1% 미만이지만
공항의 99%를 통제한다.
관제는 정보기반 데이터통신이 지배하며,
관제탑 내 사람의 눈은 보조 역할에 지나지 않는다.

공공시행기관의 'PM+PMS'는
독립 객체이지만
'10-10' 메가 프로젝트 전체를 총괄 지휘하는 관제탑 역할이다.

포트폴리오, 프로그램, 프로젝트, 그리고 계약패키지

메가 프로젝트는 신국제공항개발과 같이 규모는 크지만 단일 조직이 전체를 관리하고 준공 후 운영도 단일 기관에서 하는 것과 새만금개발과 같이 다양한 주체와 예산, 그리고 운영기관도 다양하게 분산되는 경우가 있다. 단일 시행과 발주, 그리고 준공 후 단일 운영기관이 관리하는 경우 프로그램관리(program management) 접근방식이 유리하다. 이에 비해 새만금개발 프로젝트와 같이 다양한 이해 집단과 다양한 기관으로부터 예산이 동원되는 경우 포트폴리오(portfolio management) 접근방식이 유리하다.

2020년 말 기준 새만금개발 프로젝트의 추정 예산은 약 22.19조원이다. 새만금개발에는 몇 개의 포트폴리오, 몇 개의 프로그램, 몇 개의 프로젝트로 나눌 수 있는지는 현재 시점에서 판단하기 어렵다. 한 개의 프로젝트가 다수의 계약패키지로 나눠 질 수 있다. 발주자 관점에서는 하나의 프로젝트지만 계약자 관점으로는 다수의 계약 프로젝트가 존재하는 것이다. 시행기관(새만금개발청)의 눈으로는 22.19조원 거대프로젝트의 총괄책임자는 1명이지만 프로그램과 프로젝트, 그리고 계약자 눈에는 작게는 수백명, 많게는 수천명의 사업책임자(project manager)가 존재하는 것이다. 새만금개발청은 22.19조원 상당의 초거대 프로그램을 약 77개의 프로그램과 프로젝트로 분류해 놓고 있다. 77개 프로그램 안에 또 다른 프로그램과 프로젝트가 존재한다. 프로젝트에 수직분류체계가 존재한다는 뜻이다. 구조적으로는 수직이지만 역할과 책임은 수평적일 수밖에 없는 구조다. 중앙정부는 물론 지방자치단체, 그리고 공공시행기관 여러 곳이 관여하기 때문에 새만금개발청이 강제 할 수 없는 부분이 있기 때문에 개발청의 역할을 최대한 상향시키는 조처가 필요해 진다. 족보의 예를 들면 문파 관리 역할에 만족하는 것이 바람직하다. 포트폴리오 접근방식을 권장하는 이유다.

신국제공항은 새만금개발 프로젝트와 성격이 달라 프로그램관리(program management) 접근방식이 더 유리하다. 족보에서 문파관리에서 문중관리로 수직적인 체계 전체를 직접 관리하는 접근이 더 유리하다는 판단이다. 인천국제공항1단계 사업의 예로 판단하면 최소 200개 이상의 개별 프로젝트로 발주됐다. 하지만 새만금개발 프로젝트와 달리 공항은 공항운영시스템으로 통합관리되어야 하기 때문에 수직 및 수평 정보 통합이 필수다. 개별 PM과 통합 PM이 한 PMS에 통합되는 것이 필요하다는 의미다.

미국의 정부부처(예, 에너지성, 국방성, 교통성 등)가 업무분류체계(WBS)를 관리에 도입하는 데는 분명한 이유가 있다. 국제프로젝트관리기구(PMI)가 기본지식체계집(PMBOK) 기반 실무표준업무분류체계집[22]을 개발하여 보급하는 이유가 있다. 관리의 편의성과 예산 및 공정관리 수단으로 활용하지만 반드시 통합해야 효율성이 높아진다는 사실을 알고 있기 때문이다. PMI는 WBS 구조를 족보(family tree)에 비유한다. 혈연은 수직 분류를 가계도로 연결될 수밖에 없기 때문으로 해석된다. WBS의 최종 분류는 목적물 중심(deliverable oriented)이어야 함을 강제하고 있다. WBS를 가계도와 연결시킨 이유는 '따로, 그러나 같이'라는 기본 개념을 담고 있기 때문이다. 아무리 세분화시켜도 반드시 상부에 있는 가계도와 연결될 수 있어야 한다는 뜻이다.

포트폴리오, 프로그램, 프로젝트, 그리고 프로젝트 내 계약패키지 분

22. PMI(2001), Practice Standard for Work Breakdown Structure, Project Management Institute

류가 수직축으로 연결되어야 통합관리가 가능하다. 아무리 세분화시킨 계약패키지라도 하나의 프로그램으로 모아질 수 있어야 한다. 새만금개발 프로젝트와 같이 포트폴리오관리를 적용하는 경우 인프라 부문별(족보에 비유하면 문파관리)통합 관리가 전제되어야 한다. 다만 한 개의 프로젝트나 계약패키지가 다수의 프로그램으로 분산되는 것은 절대 허용되면 안된다. 이는 마치 가계도에서 조부모에서 다수의 가족으로 분산될 수 있지만 한 가족이 위의 조부모 여러 곳으로 분산 될 수 없는 것과 같다. 혈연 자체가 불가능한 구조이기 때문이다. 이 원칙은 PM 서비스에서 역할과 책임이 중복되거나 혹은 누락되는 것을 방지하기 위한 목적도 숨겨져 있다.

공공기관의 독자 'PM+PMS' 사용법

공공시행기관(예, 새만금개발청)의 위탁에 의해 PMC가 구축하는 PMS는 시행기관의 관제탑 역할을 위한 종합프로젝트관리시스템이다. 공공시행기관의 고유 업무인 PM을 체계적으로 수행하기 위한 새만금개발 프로젝트의 PMS는 외적으로는 분명 독립된 'PM+PMS'다. PMC가 주도적으로 개발하는 PMS지만 소유권은 시행기관에 있다. 공공시행기관이 PMS 운영 주체가 될 수밖에 없다. PMC의 핵심 역할은 영어로는 PCS(project control services), 한글로는 다소 생소하지만 '프로젝트관리 지원' 이 중심이다. 공항에 비유하면 관제탑의 총괄 책임자는 시행기관이지만 관제에 필요한 정보를 제공하는 역할이 PMC 서비스다. 총괄 책임자는 의사결정에 대한 권한이 있지만 PMC는 의사결정을 지원하는 역할이지 결정권은 가지지 않으며, 주어져서도 안 된다. 의사결정이 공기와 예산 변경으로 연결 될 수 있기 때문이다. 독립된 공공시행기관의 'PM+PMS' 지만 영향력은 기관의 조직이나 운영 예산안에 머물지 않고 '10-10' 전체 개발 프로젝트에 영향을 미친다는 점에서 역할 분담 원칙 수립이 절대적으로 필요하다.

연합 'PM+PMS' 사용법

세계적인 PM 전문기관인 PMI가 기본지식체계집(PMBOK)에서 통합관리(integration management)를 독립시킨 이유는 체계적인 PM 수행을 위해서는 역할과 책임 분담이 필요함을 인정했기 때문이다. 동시에 역할과 책임을 분담하지만 관리는 반드시 통합관리되어야 한다는 것을 경험적으로 알고 있기 때문이다. 공공시행기관의 독립적인 'PM+PMS'가 수조원이 투입되는 메가 프로젝트로 연결된 프로그램 전체와 통합 관리하는 개념(일종의 '따로, 또 같이') 도입이 필수다. 외형적으로는 분명 독립시스템이지만 내적으로는 하나의 시스템처럼 운영하라는 뜻이다. '따로, 또 같이' 개념을 가능하게 하는 것이 '10-10' 프로젝트 전체에 적용되는 절차서와 매뉴얼이다. 참여기관 전체에 일괄 적용하는 일종의 메가 프로젝트를 위한 법으로 해석하면 된다. 프로젝트 전체를 지배하는 기본 규칙(rule)이다. 모든 개별 프로그램이나 프로젝트의 시점과 종점은 공공시행기관의 'PM+PMS'가 기준이 되어야 한다. 계획은 철저하게 'top-down'접근으로 접근하도록 해야 한다. 공정관리 예를 들면 마일스톤이 모든 공정계획의 기준점이 되어야 한다는 뜻이다. 마일스톤 일정은 공기관리를 위한 일종의 버팀목으로 개별 프로젝트에서 개발하는 공정계획은 반드시 마일스톤 일정을 지켜야 하는 원칙이 있다. 계획에 따라 실적은 철저하게 'bottom-up' 접근으로 가야 한다. 공정관리를 예로 들면 진행 현황은 개별 계약이나 계약에 포함된 activity 진행을 기준으로 하라는 의미다. 지휘 · 통솔(시행기관)로 관련 기관과 계약자가 움직여야 한다. 장교와 사병은 전쟁터에서 역할을 구분되어 있지만 같이 움직여야 하는 것은 전투에 승리하기 위해서다.

공공기관이 주도하는 계획은 'top-down', 참여기관이나 계약자가 주도하는 실적은 'bottom-up'으로 이뤄진다. 계획 및 실적이 상시 통합 운영되기 위해서는 공공시행기관이 정부기관으로써 사용해야 하는'국가행정전산망'과 독립된'인트라넷'체계 구축이 필요하다. 메가 프로젝트 내부용의 PMS 전산망(일종의 인트라넷) 구축이 필요하다는 의미다. 무리하게 국가행정전산망을 활용하게 되면 민간사업자의 접근이 허용되지 않을 수 있기 때문이다.

PM 체제에서 CM을 사용하는 방법

메가 프로젝트에서 PM을 포함한 발주자의 기능과 역할 수행에 필요한 총 비용은 인프라(예, 철도나 공항, 발전소 등) 종류에 따라 다르다. 미국에서 시행되는 유료도로 건설을 위한 타당성 분석 시 발주자 비용 규모는 총 건설비[23](TIC, total installation cost)의 10~12%다. 도시철도 개발 프로젝트의 경우 이 비용이 TIC의 16%까지 올라가는 사례도

23. 이복남, 김대호, 우성권, 정영수(2001), 건설사업관리 비용 산정, 한국건설산업연구원

발견된다. 10조원이 투입되는 경우 1조원 이상이 소요될 만큼 큰 예산이다. 예산의 규모가 곧 역할 범위로 연결되기 때문에 효율성이라는 측면에서 분리 혹은 분할 할 수 있는 방법 검토가 필요하다. 공공기관 혹은 발주기관의 관리 비용이 일반 국민들이 생각하는 것보다 훨씬 많기 때문이다.

국내 공공기관의 경우 기관의 인건비와 운영비는 경상경비로 처리되기 때문에 프로젝트 예산에 편성하지 않는다. 법적인 지위를 인정받게 되면 공공기관의 경상 운영비는 국가재정으로 매년 경직성 경비로 배분받게 되기 때문이다. 미국은 물론 대부분의 선진국에서는 프로젝트로 인해 발생되는 비용은 프로젝트 계정에 산입하는 게 보편적이다. 공공시행기관 혹은 공공기관의 발주자는 조직과 인력 규모 변화는 극히 제한적이다. PM 역할의 일부를 PMC로 이관하더라도 여전히 큰 덩치여야 한다. 이를 해소하는 수단으로 국제공항 개발 프로젝트의 경우 건설현장의 관리 단위를 활주로가 중심인 'air side'와 여객청사와 탑승동이 중심인 'land side'로 나눠 별도의 CM 패키지를 분할 발주하는 경우가 많았다. 새만금개발 프로젝의 경우 지역별로 CM을 분리할 수 있다. CM 패키지에 건설 현장에서 발생하는 품질 및 안전관리는 물론 공정관리를 포함시키는 것이 통상적인 수단이다. 다만 설계엔지니어링의 경우 통합성과 일관성 유지가 필요하기 때문에 CM 패키지와 무관하게 PMC 역할에 포함시키는 것이 유리하다. 따라서 발주자 및 PMC 조직의 유연성과 민첩성을 높이기 위한 수단으로 메가 프로젝트 PM체계에서 CM을 별도 패키지로 분리 위탁하는 접근하는 것이 유리하다는 판단이다.

07

프로젝트 · 발주자 수요 맞춤형 PMS 개발 및 운용 방법

프로젝트는 어디에 와 있고 어디로 가야하나(where)?
프로젝트에서 이번 주 내에 해야 할 일은 무엇인가(what & when)?
3개월 내 프로젝트가 당면하게 될 주요 이슈는 무엇인가(when & how)?
공기 내에 완공이 가능한가(time management)?
예산 내에 완공이 가능한가(cost management)?
프로젝트가 당면할 최대 난관은 무엇인가(risk & how)?
해야 할 일을 하고 있는가(scope & who)?

정상적인 'PM+PMS'라면 위 질문에 바로 답을 내놓을 수 있다.

PM과 PMS에 대한 흔한 오해

국내 특별법에 의해 설립된 메가 프로젝트 전담기관이나 기존 공공시행기관은 서로 다른 2개의 얼굴을 가진 조직이다. 전통적인 PM 기능과 역할만으로는 해결하기 어려운 문제가 있다. 우리나라에서 사업관리를 사업경영(business management, BM), 사업행정(project administration, PA), 사업관리지원(project control services, PCS), 프로젝트관리(project management, PM) 등으로 번역되고 있다. 그런데 우리 말 사업을 영어로 번역하면 'business' 혹은 'project'두 단어에 불과하다. 사업행정을 영어로 번역하면 'project administration'인데 이를 다시 한글로 옮기면 대부분의 사람들은'사업관리'혹은'사업경영'으로 번역한다. 행정보다 관리 혹은 경영이라는 단어가 좀 더 품위(?)나 격(?)이 있어 보이기 때문이 아닌가로 해석된다.

국내 원전건설은 물론 선진국 건설프로젝트에서는 PM과 PCS의 역할과 책임이 명확하게 구분되어 있다. PM이나 CM을 학문적으로 배운 지식으로는 업무범위(scope), 공정(time), 원가(cost), 계약(contract), 리스크(risk), 자원(resource), 품질(quality), 소통(communication) 등이 전부인 것처럼 오해할 수 있다. PMC 서비스 공급자도 기본적인 8가지(scope, time, cost, quality, human resource, communication, procurement & risk) 전문분야 중심으로 PMS를 구축하려 들 것이다. 여기에다 간혹 정보(information)와 통합(integration)을 추가하는 경우가 많다. 새만금개발이나 신국제공항개발 등 메가 인프라 프로젝트의 총괄 관제탑은 공공시행기관이다. 정부는 정책을 총괄하고 공공시행기관이 직접 메가 프로젝트를 시행하도록 역할을 분담한 것이다. 공공시행기관의 역할과 책임은 BM, PA, PCS, 프로젝트 관련 인·허가는 물론 홍보와 대민서비스, 정부 및 대외기관 접촉 창구, 예산 조달 등 전통적인 PM 범위보다 훨씬 광범위하다. 공공시행기관이 관제탑의 역할을 맡을 경우 전통적인 PM보다 프로젝트 관련 다양한 행정(PA) 업무에 더 큰 비중이 실릴 수 있다. 공공시행기관이 특별법이나 기타 법에 의해 설립된 국가기관이기 때문에 행정비중이 커지는 것을 당연한 사실로 받아들여야 한다.

하지만 국내 PMC 서비스를 제공하는 민간기관들이 이를 제대로 인식하지 못한 경우가 너무 많이 발견된다. 공공시행기관과 메가 프로젝트가 처한 상황을 제대로 인식하지 못하면 PMC가 주도하는 PMS 개발 및 운영은 노력이 많이 투입되지만 계약상의 PMS에 머물 수 있게 될 수 있다. 수요자로부터 외면 받게 된다는 의미다. 발주자는 물론 보통의 국민은 왜 PM을 도입하여 예산을 쓰게 되는지 의심한다. 개발은 됐지만 활용이 되지 않는 무용론 목소리가 커질 위험이 그 만큼 많다는 의미다. 이것이 PMS는 철저하게 메가 프로젝트와 공공시행기관의 수요를 충족시키는 방향으로 개발 및 운영할 것을 주문하는 이유다. 메가 프로젝트와 발주자로부터 외면 받는 PMS는 PMC 서비스 제공자 신인도에도 부정적인 영향을 미치게 될 것으로 예상된다. 국가재정이 투입되는 메가 프로젝트에서 제기되는 PM 무용론은 국민 경제 손실로까지 이어지는 부정적 효과만 야기시킬 뿐이다.

PMS 패키지 개발자의 보편적 오류

45년간 국내 및 해외에서 다양한 메가 인프라 개발 프로젝트에 참여하면서 체감했던 PMS 개발자의 보편적 오류를 자주 발견하게 됐다. 1983~1984년 기술개발 과제 일환으로 원자력발전소 건설 PM을 위한 PMS S/W 프로그램 개발과정에서 겪었던 개발자의 오류다. 당시 PM 관련 상용 프로그램(공정관리 및 데이터베이스 관리 등)들이 다양하게 쏟아져 나오기 시작하던 시기였다. 그 이전까지는 가용한 상용 S/W 패키지가 부족했기 때문에 수요자가 자체적으로 개발하여 활용했다. 당연히 전산시스템 개발조직이 선도적 역할을 할 수밖에 없는 상황이었다. 컴퓨터 하드웨어 및 소프트웨어 기술이 급성장하기 시작하면서부터 'PM+PMS' 시장에 새로운 패턴이 등장하기 시작했다. 물론 미국 시장이 주도했었지만 국내에서도 얼마든지 상용 패키지 사용권을 구매할 수 있던 시기였다. 당시 PMC 서비스그룹은 공정관리와 데이터베이스 관리 등 PM 부문별 전담자들은 상용 프로그램을 구매하여 프로젝트 수요에 맞게 수정하여 활용하는 방식으로 접근했다. 그러나 전산프로그램 담당 부서는 자체에서 독자적으로 고유 프로그램 개발을 주장했다. 자신이 익숙해져 있는 방식을 주장한 것이다.

전 세계 PMC 시장을 선도하고 있었던 미국계 기업의 전문가들은 세계 어디에도 표준화된 PMS가 존재할 수 없는 이유는 수요자와 프로젝트가 서로 다르기 때문인 것으로 결론을 내리고 있었던 시기였다. 상용 프로그램이 다양하게 존재함에도 불구하고 자체 개발하려는 것은 시간과 비용 낭비일 뿐만 아니라 프로젝트와 프로젝트 간 호환성이 떨어진다는 논리였다. 독자적으로 개발하는 PMS 패키지는 급속도로 발전하는 'H/

W+S/W' 기술 반영은 불가능해지면서 점점 사용자로부터 멀어지기 때문으로 해석됐다. 필자와 같이 국내 원전 건설에 참여했던 미국계 기업이 자체 개발한 PMS 패키지가 성능이 우수했음에도 불구하고 보고서 포맷을 변경하는 데 2~3주가 소요될 만큼 경직적으로 운영되고 있었다. 사용자 그룹에서 여러 차례에 걸쳐 반복적으로 문제를 제기했음에도 불구하고 이를 상용패키지 응용 방식으로 변화시키는 데 2년 이상이 소요되는 것을 경험한바 있다.

글로벌 기업들이 PMS를 개발하는 원칙으로 'KISS, keep it simple & stupid'를 강조한다. 사용자가 편리하게 활용할 수 있고, 전문지식이 없는 누구라도 활용할 수 있도록 단순하고 쉽게 개발하라는 메시지를 담고 있다. PMS 패키지가 사용자 매뉴얼을 반드시 필요로 할 만큼 어려우면 당장에 사용자로부터 외면받게 된다. 그럼에도 불구하고 S/W 개발자들은 가장 흔히 'coding-all-in' 오류에 빠지는 경우가 많다. 활용자보다 개발자 중심이기 때문이다. 글로벌 PMC는 PMS 개발 시 업무 절차서 개발을 필수 과정으로 인식하는 반면, 국내 S/W 프로그램 개발그룹은 PMS 개발 전에 반드시 'ISP(정보 전산화 전략서)' 개발이 선행되어야 한다고 믿고 있다. 운용과정이 '시공'이라면 업무 절차서는 '설계기준 및 도면'에 해당된다. 글로벌 PMC가 프로젝트별 PMS 개발에 굳이 ISP를 내세우지 않는 이유이기도 하다.

메가 인프라 개발 프로젝트에 필요한 PMS 개발에 KISS 개념을 적용하라는 의미에는 개발자 관점이 아닌 사용자 관점으로 개발하라는 뜻이 담겨져 있다. 활용 가능한 상용 프로그램이 거의 없었던 1980년대 이전에는 미국계 기업들도 S/W 개발자 중심의 PMS 활용의 문제점을 경험했었다고 한다. 하지만 현재는 과거와 같은 패턴을 유지하는 글로벌 기업을 찾아보기 어렵다. 더구나 글로벌 시장의 주요 발주자가 특정 공정관리나 예산관리 기본 응용 프로그램(예, primavera 6/P6 등)을 요구하는 경우까지 발생하고 있다. 국내에서 1970년대 말에서 1980년대 중반까지 일부 산업체나 대학에서 자체적으로 공정관리 S/W 패키지 개발을 시도했던 사례가 성공하지 못했던 이유는 발주자 및 사용자로부터 외면받았기 때문으로 추정된다. 글로벌 기업들에게는 상용패키지를 기본으로 하여 업무 프로세스를 디자인하고 사용자와 발주자 수요에 맞게 고유 PMS 패키지를 개발하는 접근 방식이 이미 보편화되어 있다. 글로벌 기업들이 PMS 개발(development)보다 응용(customization)을 내세우는 것도 이를 증명하고 있는 것이다. 대부분의 국내 PMC 서비스 공급자들이나 공공기관이 매번 PMS 개발을 주문하는 것은 비용과 시간, 그리고 프로젝트 맞춤형 관리에서 상대적으로 불리하게 작용 할 수밖에 없다.

프로프로젝트 PMS 개발과정에서 흔히 발견되는 문제점

국내 대부분의 PMC 서비스 공급자가 PMC 역할과 S/W 개발을 별도의 직무와 업무로 인식하는 경우가 흔히 발견된다. 완벽한 PMS가 마치 'PM+PMC' 역할을 대신 할 수 있는 것으로 인식하기 때문으로 해석된다. 이 때문에 PMC 서비스 계약자가 공공시행기관과 메가 프로젝트의 수요를 파악하기도 전에 S/W개발자에게 PMS 패키지에 필요한 ISP 개발을 의뢰한다. 당연히 PMS와 무관한 별도 IT 기업이 PMS 프로그램 개발에 몰입하게 된다. PM에 대한 업무 프로세스 설계와 전혀 무관한

ISP에 따라 개발된 프로그램은 당연히 발주자와 프로젝트로부터 외면 받을 수 밖에 없다. 프로그램이 공개되자 곧바로 수요자그룹인 프로젝트와 발주자인 시행기관의 수요와 거리가 있음을 곳곳에서 발견하게 된다. PMC 서비스 계약 이후 상당기간이 지났음에도 불구하고 공공시행기관 고위직의 수요와 눈높이를 못 맞추는 경우가 많다. 마치 PM 및 PMS 교본 그대로를 수정 없이 따라가려고 하는 것이다. 이러한 접근방식은 확실한 목표(target)와 범위(scope), 공기(time)와 예산(cost)가 정해져 있을 때(예, 행정중심복합도시, 인천국제공항건설 등)는 유효한 접근 방식이 될 수 있으나 국제공항건설, 철도건설, 새만금개발 등 인프라 프로젝트에서는 전혀 다른 접근방식이 필요하다.

단일 기관에서 관리하고 단일 기관이 준공 후 운영하는 원전건설이나 국제공항개발 프로젝트와 달리 새만금개발 프로젝트는 외생변수가 지배하는 불확실성과 가변성이 보편적 프로젝트와는 전혀 다른 특성이 있다. PMS 개발자 중심에서 시행기관과 메가 프로젝트 수요자 맞춤형으로 범위와 우선순위 조정이 필요하다. PMC의 계약적 의무 이행 중심보다 발주자인 공공시행기관이 가진 두 얼굴(정부기관과 프로젝트관리기관)의 역할을 지원 할 수 있도록 계획 수정이 필요하다는 것이 전문가적 견해다. 관제탑 역할을 하는 공공시행기관(예, 새만금개발청)의 관리 레벨이 상향되어야 한다는 뜻이다.

눈높이에 맞는 관리 레벨 설정

PM 기능과 역할은 '사람'이 수행한다. 아직까지 세계 어디에도 자동화된 PM이나 PMS는 없다. 설계엔지니어링이나 시공의 일부 직무는 자동화시킬 수 있어도 현존하는 기술 수준에서 PM을 대체 할 수 있는 기술은 존재하지 않으며, 앞으로도 상당기간 자동화나 AI로 대체하기 힘들 것으로 예상된다. 사람의 중요성이 기타 업무보다 중요하다는 뜻이다. 일반적으로 한 사람이 동시에 처리 할 수 있는 한계는 일일 기준 2~3개에 불과하다. 한때 대세로 부각되었던 아바타도 1인 2역이다. 최근에는 부캐라는 신조어가 등장하지만 여전이 1인 3역에 그치는 게 대부분이다. 예를 들어 새만금개발청이나 행정중심복합도시건설청은 정부가 정원제를 엄격히 관리하기 때문에 임직원의 총량은 140여명을 넘어서기 어렵다. 사람의 시간 여력을 고려한다면 월 기준으로 동시에 처리 할 수 있는 최대 관리 개수를 약 500개 내외로 하는 것이 합리적이라는 계산이다. 공정관리에서 처리 가능한 activity 개수도 월 근무 일수 22일을 기준으로 하여 일일 최대 2개 과제로 한정시키면 약 6,000개 이하가 바람직하다는 결론이 나온다. 이러한 실무 경험적 지침은 CPM 공정표 개발 이론에서 개별 activity의 기간을 최대 180일로 제한하는 것과는 완전히 다른 개념이며, 이것이 수요자 맞춤형인 것이다. 국제공항이나 새만금개발 등과 같이 메가 인프라 프로젝트에서 시행기관은 물론 PMC 서비스 공급자가 공정관리를 위해 CPM 네트워크 기법을 동원하는 것은 노력에 비해 실효성이 극히 낮을 것으로 예상된다. 이런 면에서 보면 CPM기반의 관리기준공정표보다 종합공정표(milestone summary schedule) 혹은 마일스톤 공정표가 훨씬 프로젝트 맞춤형 공정관리 기준표가 될 수 있다. 바차트 기법이나 PNA(pictorial network analysis) 기법이 훨씬 효과적일 수 있다는 의미다.

원가관리도 PM 이론에 있는 'cost management'보다 'cost control'

접근이 더 효과적이다. 정부에 의해 배당된 예산(계획) 대비 집행 실적을 비교하는 계정관리가 더 큰 힘을 발휘한다는 뜻이다. 자료관리시스템에서 도면 낱장 관리를 위한 번호체계(PNS, project numbering system)도 낱장이 아닌 준공 후 자료 검색 및 재생을 위한 저장창고번호(일종의 보관 장소 번호) 부여가 더 효과적일 수 있다. 참여기관이 다르기 때문에 단일 PNS를 부여하기는 거의 불가능하다고 보기 때문이다. 더구나 중앙 및 지방 행정기관이 서로 다르기 때문에 강제할 수 없는 한계가 존재함을 고려한다면 더욱 설득력이 있다. 다만 국제공항개발 프로젝트의 경우 프로젝트의 진행 과정이 'system engineering → physical construction → system operation'이기 때문에 메가 프로젝트임에도 불구하고 개별 프로젝트관리와 동등한 수준으로 'PM+PMS' 체계를 구축하는 것이 정석이다.

관리레벨 설정은 예산 규모, 시행 주체, 운영 주체, 그리고 참여기관의 규모를 고려하여 차등화 시킬 수밖에 없다. 예를 들어 22.19조원이 투입되는 새만금개발이나 10조원 이상이 투입되는 국제공항개발 프로젝트의 진행 현황을 월단위로 분석 및 보고하는 월간진도보고서에 어떤 내용을 담을 것인지를 결정하면 쉽게 해결 될 수 있는 문제다. 월간 진도보고서의 총 쪽수를 100쪽 이내로 한다면 관리 레벨이 어느 수준에 있어야 하는지를 가늠할 수 있다. 공공시행기관의 관점에서 보면 관제탑에서 현황을 관리하는 수준이 너무 정밀해도, 그리고 너무 간소해도 제대로 파악할 수 없는 문제가 있다. 관리레벨 설정은 PMC가 제안하는 게 바람직하지만 선택은 어디까지나 공공시행기관의 문제로 남겨둬야 한다.

공공기관의 위상과 역할 맞춤형 'PM+PMS' 설정

약 28조원이 예상되는 가덕도신국제공항이나 총 22.19조원이 투입되는 새만금개발 프로젝트는 규모는 크지만 하나의 개발 프로젝트 혹은 프로그램이다. 새만금개발 프로그램의 경우 정점에는 하나지만 하나가 77개 개별 프로그램 혹은 프로젝트로 분류된다. 77개 개별 프로젝트는 작게는 2~3개, 많게는 수십개에서 수백개의 개별 시설물로 나눠지게 된다. 개별시설물은 다시 수백개 혹은 수천개의 개별 Activity로 세분화된다. 새만금개발청의 역할을 관제탑에서 77개 개별 프로젝트를 기획하고 관리하는 것이다. 개별시설물의 activity까지 관리 대상으로 삼을 수는 없다. 반대로 인천국제공항 건설과 같이 규모와 장기간을 필요로 하지만 공공시행기관(이 경우 신공항건설공단)은 개별 프로젝트관리 수준으로 메가 프로젝트(일종의 프로그램관리)로 관리할 수밖에 없을 수 있다.

CPM 공정표 개발이 가능해지려면 개별 시설물의 Activity 분류까지 세분화되어야 하지만 공공시행기관의 관리 레벨은 이보다 훨씬 높을 수밖에 없다. 관제탑이 항공기 이착륙을 관리하지 승객이나 승무원까지 관리하는 게 아니라는 점을 염두에 두고 공공시행기관이 활용할 PMS 관리 수준을 결정해야 한다. 관리 역량의 세분화와는 전혀 무관한 문제다. 공정관리에서 가장 강력한 힘을 발휘하는 게 개별 Activity나 Network가 아닌 마일스톤이라는 사실이 이를 잘 설명해주고 있다. 마일스톤은 기간이 '0'이지만 힘은 공기 전체를 좌우하는 버팀목이다. 다만 준공일을 반드시 맞춰야 하는 신국제공항과 같이 공기 관리가 극히 중요 할 경우 공기관리를 위해 여러 개의 마일스톤을 설정하여 종합공정표 개발 시 공기관리의 버팀목으로 활용하는 전략적 선택이 필요하다. 마일스톤 설정은 경험에서 얻은 지식이 기반이 되어야 한다. 이 마일스톤에 따라 계약자의 공기 지연 지체상금을 부과할 수 있다는 사실을 고려하는 게 좋다.

그림은 크게, 시작은 작게, 그리고 확장

초기부터 메가 프로젝트 관리를 위한 완벽한 PMS는 없다. 완벽한 PMS는 없지만 무엇이 필요한지는 종합계획(master plan)개발로 설계는 가능하다. 종합계획은 반드시 필요하지만 충분조건은 되지 못한다. 가변성과 불확실성이 너무 크기 때문에 초기부터 완벽할 수도 없다. 따라서 그림(여기서 그림은 'PM+PMS' 개발 마스터 플랜)은 크게 그리되, 시작은 우선 필요한 부문부터 작게 시작하는 것이 좋다. 꼬리가 몸통을 흔드는 전략적 접근이 필요하다. 실용성이 큰 것부터 작게 출발하라는 권고다. 초기부터 완벽한 PMS 개발에 몰입하는 것은 발주자와 프로젝트의 수요를 놓치기 쉽기 때문이다.

프로젝트와 발주자는 작게 출발했지만 활용의 범위가 커지기 시작하면서 자연스럽게 PMS를 확장해가는 접근이 절대적으로 필요함을 깨닫게 되어 있다. 조기 개발로 수요가 공감하지 않을 경우 사장되기 쉽다. PMC 전문가 수준으로 발주기관 혹은 공공기간의 PM 경험과 지식을 갖출 기회가 적어 한번에 이해하지 못할 것이라는 정도는 익히는 게 좋다. 지나간 시간은 절대 되돌릴 수 없다는 사실을 항상 기억해야 하다. 경험적으로는 발주자와 프로젝트 수요는 시간이 갈수록 요구하는 범위와 깊이가 변하게 되어 있다. 완성도가 높아질수록 PMS의 완성도도 높아진다는 진리는 경험을 통해 터득한 지식이다.

PMS의 핵심기능(core)과 부대기능(ancillary)의 사용법

PMS에 핵심 기능이 있다. 프로젝트 범위(scope), 기간(time), 예산(cost)가 명확하게 정립되어 있는 경우의 핵심 기능은 글자그대로 PM의 핵심 역할이다. 국제공항이나 새만금개발 프로젝트의 경우 외생변수가 기타 프로젝트에 비해 훨씬 많다. 외생변수가 프로젝트의 성공과 실패를 좌우할 수 있다는 의미다. 공공시행기관 소속 임직원의 업무 비중이 외생변수에 매몰될 가능성이 높다. 이 경우 공공조직의 행정업무가 PM 업무보다 비중이 높아져 프로젝트의 기간과 예산이 늘어날 위험성이 커진다.

거대 인프라 개발 프로젝트에 영향을 미치는 정부나 국회, 지자체 등은 메가 프로젝트 전담기관보다 프로젝트 계획이나 실적, 진행과정에 대한 지식이 높거나 많을 수는 없다. 그럼에도 불구하고 프로젝트 진행에 미치는 영향은 공공시행기관보다 훨씬 클 수 있다는 사실을 염두에 둬야 한다. 이런 특성을 고려한다면 PMS 개발을 전문지식(예, 공정관리, 업무범위관리 등) 부문별 개발보다 관제탑 최상부에 있는 공공기관의 장(CEO)이나 부기관장이 당장 활용할 수 있는 부속 혹은 부대 시스템 개발부터 착수하는 게 효과적이다. 전통적으로 PMC는 PMS 개발을 아래로부터 위로 가는 'bottom-up' 접근 방식을 택하게 된다. 그러나 공공인프라 개발 프로젝트와 기관의 속성을 파악했다면 위에서 아래로 가는 'top-down' 접근방식이 효과적이라 판단할 것이다. 꼬리가 몸통을 흔드는 전략이다. 큰 것부터 결정하여 점점 구체화시키는 전략이 유리하다는 뜻이다.

새만금개발 프로젝트 사례로부터 우선 개발할 수 있는 핵심 기능 몇 가지를 예로 들어보면 다음과 같다.

첫 번째, 프로젝트 관련 회의체계부터 정립하는 게 필요하다. 거대 프로젝트의 경우 반기(semiannual), 분기(quarter), 월(month), 주(week), 일(daily) 회의로 구분된다. 반기와 분기별로 개최되는 회의는 '사업점검회의(project review meeting, PRM)'로 불린다. 월간 및 주간회의는 '현황점검(project status meeting, PSM)'로 명명되기도 한다. 새만금개발 프로젝트를 정상 궤도로 올려놓기 위해서는 회의운영체계부터 정립이 필요하다.

두 번째, 각종 회의나 외부 방문객이 올 때 프로젝트의 진행 상황을 단시간 내에 보여 줄 수 있는 일종의 'dash board'가 탑재된 상황실(war room) 운영시스템 개발을 서두르는 게 좋다. 회의 아젠다 자체가 상황실에 설치된 'dash board'를 통해 공유되고 토론되어 회의록이 반드시 문서로 남겨지도록 하는 체계 구축이 필요하다.

세 번째, 공기관리를 위한 공정관리도 CPM보다 마일스톤 중심으로 운영하는 방안이 필요하다. 국제공항개발이나 새만금개발 프로젝트와 같이 공공기관이 전체를 자율적으로 통제하기 힘든 외생변수가 많은 경우 효과적으로 대처할 수 있는 방법 중 하나는 프로젝트 밖에서 발생하는 이벤트를 예산 조달을 위한 마일스톤(일종의 버팀목)으로 활용하는 것이다. 새만금개발 프로젝트 예를 들어 설명하면, 당장 눈앞에 닥친 마일스톤은 2023년 8월에 개최되는 「제25회 세계스카우트잼버리[24]」대회다. 최소 170개국 이상, 5만명이상이 참여하는 국제행사가 새만금 지역에서 개최된다. 이를 수용하기 위한 인프라(교통, 상ㆍ하수도, 전력에너

24. 부안군(2020), 부안 · 변산에 반하도다(관광팜플렛)

지, 쓰레기, 통신 등) 구축이 선행되어야 한다. 제25회 잼버리의 성공적인 개최를 위한 필수 생활 인프라는 대회 개최 전에 완공해야하기 때문이다. 이 마일스톤을 정부 예산 조달을 위한 버팀목으로 활용하여 '생활 인프라 + 필수 인프라' 시설을 적기에 구축하는 전략을 앞세우라는 주문이다. 이를 CPM으로 해결할 수 없는 것이 아니라는 점을 분명하게 인식 할 필요가 있다. 공공시행기관과 PMC가 전략적으로 공기관리와 예산 조달의 버팀목으로 사용 할 마일스톤을 정립하는 게 좋다. 어느 일방이 주도하게 되면 오히려 의견 차이로 역효과가 발생 할 수 있음을 염두에 둬야 한다. 마일스톤 없는 공정표는 아무런 의미가 없다.

네 번째, 사업진행 현황을 진도율(progress, %)로 표시하는 방법 개발이 필요하다. 프로젝트에 영향을 미치지만 PM 지식과 경험이 부족한 보통 사람이 프로젝트 진행 상황을 가장 쉽게 파악 할 수 있는 방법이 진도율(%) 확인이다. 업무량을 지금까지 소화한 양과 소화해야 할 잔여 업무량을 진도율로 바로 파악이 가능하기 때문이다. 프로젝트 총괄 진도는 물론 마일스톤별 진도율도 표시하면 더욱 효과적이다.

CM과 감리 활용법

'10-10' 메가 프로젝트를 종합적으로 관리하기 위해서는 대규모 조직과 인력이 필요하다. 보편적인 조직 이론은 조직이 커질수록 의사결정이 지연되고 또 조직 운용의 효율성이 저하된다. 공공시행기관(발주자)이 기관 및 PM 역할 전부를 자체적으로 소화하기에는 여러 가지 난제로 인해 사실상 불가능하다. 법이나 특수 목적을 위해 설립된 기관은 메가 프로젝트를 자체적으로 관리하기에는 조직 및 인력의 경험과 지식이 턱 없이 부족하다. 자연스럽게 전문지식과 경험을 가진 외부기관을 활용하여 약점을 보강하는 수단으로 PMC를 활용하게 된다. 인력과 조직 운영 측면에서도 프로젝트 경과 기간에 따라 수시로 변하는 직무의 전문성과 수요량을 필요에 따라 유연하게 대처할 수 있기 위해서도 PMC를 활용하게 된다. '공공시행기관+PMC' 조직과 인력도 비대해지면 비효율성이 나타나기 때문에 최적화가 필요하다. 이런 이유 때문에 메가 프로젝트 PM에서 PM 역할과 기능 일부를 전문성과 목적별로 분할하여 활용하는 방법이 있다. CM과 감리 활용이 대표적인 분할 대상이다.

새만금개발 프로젝트와 같이 관제탑 역할이 중심이고 권역별이나 개발 프로젝트의 특성별로 투자와 시행이 분리되는 경우 '시행기관+PMC' 조직과 인력을 최적화시키는 목적 달성을 위해 감리를 포함시킨 CM을 지구별 분리 혹은 시설부문별로 분할하여 PMC와 별개로 계약을 의뢰 할 수 있다. CM 역할에서 설계엔지니어링은 새만금개발 프로젝트의 일관성과 지속성 유지를 위해 PMC에 포함시키고 CM은 건설현장 중심으로 운영하는 게 효과적이다. 투자비와 시행, 관리가 공공시행기관의 관리 범위에서 벗어나는 메가 프로젝트에서 채택 가능한 방법이다. 준공 후 개별 관리가 아닌 단일 조직에서 관리하는 경우는 관제탑의 PM 범위를 최대화시키는 게 효과적으로 판단된다.

신국제공항과 같이 단일 시행기관이 계획과 실행, 준공 후 운영까지 책임져야 하는 경우 새만금개발 프로젝트와는 다른 방식이 활용되는 게 바람직하다. 통합성과 일관성, 지속성이 유지되어야 하기 때문에 PM의 관리(management) 기능과 계획 대비 실적 비교 기능인 'monitoring',

즉 시공감리를 분리하는 방법이 있다. 분리 혹은 분할 대상은 전문공종(예, 관제시시스템, 수화물처리시스템, 여객청사 등)별 전문업체를 품질 및 안전관리를 위한 감리자를 별도 운영하는 것이 유리하다. 이 경우에도 설계엔지니어링은 가능한 '공공시행기관+PMC' 관리 범위에 남겨 두는 게 좋다. 이 방식을 채택한 대표적인 사례로 일본의 간사이국제공항과 국내 인천국제공항1단계 여객청사다. 명칭은 CM을 사용했지만 현실적으로는 시공계약자의 역할 조정으로 머물러 발주자가 기대했던 효과가 나타나지 않아 중도에 타절 되었다. CM계약도 발주기관과의 계약이 아닌 여객청사 시공 계약자였다. 시공컨소시움 내 관리 역할로 한정되어 있었다. 외형적으로는 'PMC'와 'CM' 서비스 계약이 분리되어 있는 것처럼 보였지만 실상은 계약주체가 달랐다. 공사 감리로 제한시켜 활용했었다면 오히려 효과가 있었을 것이라는 필자의 추정이다.

인천국제공항1단계 프로젝트에서는 PMC 역할 범위에 설계엔지니어링관리는 포함되었지만 건설현장의 시공감리는 분리 했었다. 공사 종류별 별도 감리계약을 활용했었다. 용산미군기지이전 프로젝트에서도 공사감리를 PMC와 분리할 것을 제안했었다. 미군(US Force Korea, USFK)측에서도 동의했지만 PMC와 공사감리의 역할 분담 구상을 제대로 파악하지 않은 채로 PMC에 과도한 인력과 예산이 집중되면서도 공사감리를 따로 투입해야 하는 아쉬움이 있었다. 주한미군당국(USFK)이 동의했지만 미국극동지역공병단(FED)측의 역할 확대 주장으로 인해 당초 계획이 변경되었던 것으로 알려져 있다. 참고로 전 세계에서 군사시설 개발과 유지관리에 깊숙하게 개입하고 있는 미공병단(COE, corps of Engineers)은 건설기술과 프로젝트관리에 많은 경험과 전문지식을 갖추고 있는 전문기관이다. 국내 주둔 미군기지와 군사시설을 전담하기 위해 공병단의 극동지역사무소로 별도 설립하고 운영하고 있었다. FED의 운영경비가 미국 정부나 미군으로부터 조달되는 것이 아니라 수요자 부담 원칙으로 우리 정부가 부담하고 있었다. 당초 계획으로는 주한미군 당국과 협의 후 우리 정부가 시설공사 후 미군측에 인계 할 때 입회자로 감리 역할에 제한을 두기로 했었다. 이 계획이 FED측의 반대로 무산되었다. 입회 감리 역할에서 PM 역할의 일부로 참여하게 되어 FED 역할이 계획보다 훨씬 늘어나는 결과로 나타났다.

08

프로젝트 성공 신화 창조에 도전

처음부터 만들어지는 신화는 어디에도 없다.
신화는 신이 아닌 인간이 창조해 왔다.
노력 없는 기적으로 신화가 만들어지지 않는다.
어느 날 갑자기 신화가 만들어지지도 않는다.
신화는 평범하지도, 창조가 쉽지도 않다.
아무나 쉽게 창조할 수 있는 신화가 아니기 때문에
메가 프로젝트에 공공시행기관이 도전해야 하는 이유이기도 하다.

1940년대 사막에 이스라엘을 건국하겠다고는
故 시몬 페데레스의 도전에 모두가 불가능하다고 말했다.
그러나 이스라엘 민족은 불모지 땅을 농경지로 바꿨다.
사막 농경지에서 농산물을 자급자족 했을 뿐만 아니라 수출까지 했다.
한국의 메가 프로젝트도 기적이 되지 말라는
법은 세계 어디에도 없다.

지역을 넘어서는 글로벌 랜드마크 프로젝트 만들기 전략

프로젝트 성공은 목적 및 목표 달성을 의미한다. 목적은 완공 후 목적물의 품질과 성능을 만족시키면서 사용자의 만족도를 높이는 것이다. 메가 프로젝트의 경우 거대한 투자비가 투입되기 때문에 수익성이 기대 이상이어야 한다. 프로젝트관리의 목표는 '예산 범위 내(within budget), 적기(on time)에 품질 조건 만족(meet quality)' 조건을 만족시키면서 완성하는 것이다. 개발 및 건설단계에서 활용한 정보 및 자료가 유지관리단계로 체계적으로 이어지게 하는 역할을 PM 범위에 포함시키는 게 좋지만 운영까지 포함시키는 것은 PM의 지식과 범위를 필요 이상으로 확대시킨 것으로 해석된다. 메가 프로젝트도 보편적인 프로젝트의 목적과 목표에서 벗어나지 않는다. '10-10' 메가 프로젝트를 공기 내 예산 범위 안에서 완료하는 자체가 거의 불가능할 정도로 어렵다. 어려운 초거대 프로젝트를 성공적으로 마무리하는 것은 거의 기적에 가까울 만큼 찾기 어려운 게 현실이다. 따라서 메가 프로젝트 성공이 기적에 가깝다는 인식이 필요하다. 기적을 바탕으로 한 신비스러운 이야기가 곧 신화다. 국제공항개발이나 고속철도개발, 새만금개발과 같은 메가 프로젝트를 성공적으로 완수하는 것 자체가 기적이며 신화가 된다.

작게는 수 조원, 크게는 수 십 조원이 투입되는 초거대 프로젝트임에도 불구하고 국내에서는 지역개발 프로젝트로 인식되는 경우가 흔하다. 특히 새만금개발과 같이 특정 지역에 한정되는 프로젝트 일수록 지역개발 프로젝트로 비춰지는 경우가 많다. 철도 혹은 도로 등 선으로 이어지는 경우 프로젝트가 광범위하게 펼쳐지기 때문에 국가와 국민의 관심을 끌기에 충분하다. 그리고 국민에게는 지역개발로 비춰지게 되면 정부의 재정지원이 계획대로 추진되지 않는 경우가 비일비재하다. 필요성에 대한 절박함보다 정치나 정책적 선호도에 좌우될 가능성이 많기 때문이다.

예를 들어보자. 새만금개발과 같이 22.19조원이 투입되는 거대한 프로젝트의 경우 지역개발에서 국토개발, 국토개발에서 지구촌 전체로부터 시선을 끌기 위한 노력을 가동시키는 전략이 절대적으로 필요하다. 새만금 개발 계획에 담긴 ① 그린 에너지와 신산업 ② 명품 수변도시 ③ 친환경 첨단농업 거점 ④ 관광·생태도시 ⑤ 개방형 경제특구로는 세계인의 주목 끌기에 미흡하다. 국제투자가들의 눈에는 평범한 프로젝트 중 하나에 불과하다는 인상을 주기에 그친다. 지구온난화 방지를 위한 온실가스 배출 규제는 에너지 소비 세계 7위인 우리나라가 피해 갈 수 없는 아킬레스건이다. 전략적으로 정부가 내세운 2050년 탄소 중립을 과감하게 '온실가스 배출 제로(0) 도시'를 내세우거나, 그린 에너지는 '에너지 제로(0) 도시'로 만든다는 과감한 도전이 필요하다. 새만금개발이 내세우는 개방형 경제특구도 국내 기타 지역의 경제개발특구와 쉽게 차별화 되지 않는다. 이를 과감하게 '무국적·무관세(tax free) 도시'를 표방하면 세계 투자가들의 시선을 끌어 낼 수 있다. 세계인의 시선을 끈다는 의미는 더 이상 지역개발 프로젝트가 아니라는 의미다. 지역개발 프로젝트를 글로벌 랜드마크 프로젝트로 만들게 되면 국가와 국민의 관심도가 높아질 뿐만 아니라 세계 각국에서도 주시하게 된다. 이에 비례해 국가의 지원과 예산 조달이 원활해지면서 프로젝트를 성공으로 이끄는데 기여하게 될 것이다.

해외 사례로 살펴보자. 사막 도시국가인 아부다비가 국토개발 장기계획[25]을 수립한 뒤 세계인의 관심을 유도하기 위해 현대판 스마트시티 개

25. Abu Dhabi Urban Planning Council (2007), Plan Abu Dhabi 2030 (Urban Structure Framework Plan)

발을 전략적으로 내세웠다. 사막 지역에 건설되는 3 無(에너지, 배출가스, 쓰레기)도시인 마스다르 구축 계획을 발표했다. 마스다르는 비록 규모면에서는 소도시(상주인구 4만명, 이동인구 5만명 등 9만명)에 불과하지만 세계인이 주목했던 이유는 3 無 도시였기 때문이었다. 현존하는 기술로 가능한지에 대한 의구심이 많았지만 아부다비 당국은 세계인의 시선을 끌어 투자자를 모집하는 데 최대한 활용했다. 석유 부국이라지만 시범도시 마스다르를 건설하는 데 막대한 예산(2010년 기준 추정 예산 약 240억불)을 자국 내 재정으로 감당하기에 벅찼기 때문이다. 3 無 도시로 시선을 끌기 시작하면서 독일의 지멘스가 글로벌 재생에너지 종합연구센터를 마스다르에 건설하기로 했고 미국 MIT 대학도 글로벌 재생에너지 연구전문대학원 과정을 마스다르에 개설하기로 했다. 아부다비 당국이 메가 프로젝트를 성공시키기 위해 동원했던 전략이 효과를 보기 시작한 것이다. 아부다비 당국은 스마트시티로는 세계인의 주목을 끌기에 부족했기 때문에 차별화 전략으로 인류 최초의 3無 도시를 내세웠던 것이다.

국제 이벤트를 프로젝트의 마일스톤으로 활용하는 방법

공공이 주도하는 재정 프로젝트는 적기 내 예산을 조달되는 경우가 흔하지 않다. 특히 공기가 10년 이상 소요되거나 재정 예산이 1조원을 넘어가는 '10-10' 메가 프로젝트일수록 적기에 예산이 조달되는 경우가 거의 없다. 세계 어느 국가나 공공 '10-10' 프로젝트는 수요보다 정책 및 정치권 성향에 따라 추진되는 경우가 많기 때문에 프로젝트 개발 착수는 당대의 정치와 정책에서 이뤄지지만 준공은 당대가 아닌 후속 정부로 넘어가면서 예산 조달에 차질이 생길 수밖에 없다. 새만금개발 프로젝트와 같이 특별법에 의해 진행되는 경우도 정부의 재정 여력 부족으로 인해 프로젝트 수요에 맞춰 예산이 배정되기보다 재정 여력에 따라 프로젝트가 수행되는 경우가 대부분이다. 따라서 메가 프로젝트의 성공 신화를 만들기 위해서는 기존 프로젝트와 다른 PM 전략 수립이 필요하다. 현재 진행 중인 새만금개발 프로젝트를 실제 사례로 들어 전략적인 접근방식의 유효성을 몇 가지 사례를 들어 설명해본다.

새만금개발 프로젝트는 투자비 규모가 2020년 기준 22.19조원이고, 공기가 30년(2050년 완공)이 소요되는 초장기 '10-10' 메가 프로젝트다. 당장 눈앞에 닥친 새만금의 국제 이벤트는「제25회 세계스카우트잼버리」대회다. 2023년에 개최되는 세계잼버리 대회는 새만금개발 프로젝트를 전 세계에 알릴 수 있는 좋은 기회다. 국내적으로는 국제이벤트를 개발 프로젝트의 마일스톤으로 만들어 인프라 구축을 위한 예산 조달과 공기를 독려하는 기회로 활용 할 수 있다. 국외적으로는 세계인에게 투자 가능성이 무한대인 완벽한 인프라 구축을 알릴 수 있는 절호의 찬스이기도 하다. 기회는 활용하지 않으면 소멸되는 시간과 같다. 2023년 제25회 세계잼보리대회는 170개국에서 5만명이상이 모이는 초대형 국제이벤트다.

국제이벤트의 마일스톤 활용이 어떤 효과를 끼쳤는지는 경부고속철도와 인천국제공항 프로젝트 사례를 통해 확인 할 수 있다. 경부고속철도는 당초 준공 예정이었던 2000년 말을 넘긴 2010년에 전 구간이 개통됐다. 적기 준공을 위한 2002년 월드컵 이벤트를 마일스톤으로 연결하지 못했다. 착수 명분에는 포함됐지만 준공 기일 준수까지는 활용하지 못한 것이다. 경부고속철도는 개통됐지만 PM 측면에서는 성공했다고는 볼 수 없다. 미국 보스턴 시내 도시 내 순환도로 정비 프로젝트(Big Dig, 미국역사 상 최대 토목공사로 불리기도 했음)가 준공되었지만 사업비는 당초 25억불에서 146억불로 5.8배 증가했고 공기는 10년이 지연[26]되었다. 도시 순환도로 정비 프로젝트는 완료되었지만 PM 측면에서는 성공하지 못한 대표적인 실패 사례 프로젝트로 인용되고 있다. 반면에 인천국제공항1단계는 2002년 월드컵과 외국 항공사를 2001년 3월 준공을 위한 마일스톤의 버팀목으로 활용했다. 국내 사정으로 인한 공사자금 조달 한계를 국제행사 이벤트를 내세워 공기 준수를 위한 버팀목으로 활용하여 상당한 효과를 본 것이다. 예산 조달과 예정된 개항 일정을 맞춤으로써 프로젝트와 PM이 모두 성공한 대표적인 사례로 국제사회에 인정받고 있다. 이와 같이 거대 프로젝트일수록 마일스톤 혹은 국제 이벤트를 공기관리와 예산 조달의 버팀목으로 활용하는 전략이 필요하다.

프로젝트 성공에 국민과 민간자본을 참여시키는 방법

국가 재정이 투입되는 프로젝트일수록 예산 조달에 대한 예측이 어렵다. 선진국과 달리 한국의 경우 예산이 연간 재정계획에 직접적인 영향을 받게 된다. 선진국의 보편적인 제도는 건설 프로젝트의 경우 총사업비 편성을 사업 개시 초기에 확정시키는 데 비해 우리나라는 장기계속비 계약에 의해 다년도가 아닌 단연도 예산 편성이 기본이기 때문에 예산 조

26. National Academy of Engineering, National Research Council, Transportation Research Board(2003), Completing the "Big Dig": Managing the Final Stages of Boston's Central Artery/Tunnel Project, The National Academies Press

달이 예측하기 어렵게 되어 있다. 더구나 최근 코로나 팬데믹 영향으로 정부의 재정지출이 예상보다 늘어나면서 정부 예산 동원 여력이 급격하게 줄어들고 있다. 정부도 재정 여력 부족을 인식하면서 재정 부족 문제를 완화시키기 위해 민간자본을 활용하는 '민간투자사업방식'을 확대[27]하기 시작했다. 일본 오사카 인근 축구전용 구장(이즈미 전용구장) 건설[28]의 경우 오사카 시민을 참여시켜 기금을 조달하여 완공시킨 사례는 민간자본과 시민참여를 동시에 성공시켰다. 인천국제공항1단계 프로젝트에서도 열병합발전소와 접근도로 건설(신공항고속도로)은 민간자본을 활용했었다. 미국과 유럽 공항의 경우에도 관제탑과 공항보안시스템을 제외한 인프라에 민간자본을 활용하는 것이 보편적이다.

국제공항개발 프로젝트의 경우는 다수의 프로젝트가 존재하지만 관리 및 시행, 그리고 운영주체가 동일했지만 시행과 관리, 운영주체가 분산되어 있는 새만금개발 프로젝트 사례는 다르게 접근해야 한다. 새만금개발 프로젝트가 내세우는 3無(온실가스 · 에너지 · 관세)도시는 기존 도시와는 완전히 다른 신화를 창조하는 도시다. 우리나라의 미래세대는 물론 2030세대에게 미래 먹거리와 일자리를 창조하는 도시다. 물론 3無 도시 건설이 쉽지는 않다. 한국 최초의 3無 도시 신화 창조에 국민기금을 참여시키는 캠페인을 출발시키는 것도 선택 가능한 방법 중 하나다. 새만금개발청이나 지역의 프로젝트가 아닌 전 국민이 십시일반으로 참여하는 도시개발 및 첨단산업단지 신화로 격상시키는 전략적 목표가 필요하다. 국민의 관심을 유도 할 수 있게 새만금개발 프로젝트의 완성된 모습

27. 기획재정부(2020, 2021), 민간투자사업기본계획(2020년에 비해 2021년도 민투사업 규모가 약 20%가 증가됨)
28. TAKENAKA (2017), Design-build approach to Soccer stadium project, The 2017 International Conference of Construction Project Delivery Methods and Quality Ensuring System

을 접할 수 있는 홍보관 시설을 확충시키는 전략도 필요하다. 동시에 디지털 트윈이라는 새로운 기술 변화 시대를 맞이하여 사이버 홍보관을 개설하는 것도 국민의 관심을 끌 수 있는 좋은 방법이다. 오래전에 나와 있는 사이버 'Sim City'[29] 개념을 활용하면 얼마든지 가능하다. 장소와 시간에 구애받지 않으면서도 게임처럼 즐기면서 새만금 일대를 자유롭게 디자인 할 수 있는 공간을 만들어 주자는 것이다. 관심 있는 국민 누구나 새만금의 미래 모습을 자유롭게 설계 할 수 있도록 하면 국민 펀드 모금에도 도움이 될 것으로 예상된다. 국민참여가 확대될수록 새만금개발 프로젝트와 같이 대규모 인프라 개발이 지역이 아닌 국가 관심 프로젝트로 승격시킬 수 있는 계기가 만들어지는 효과가 있다. 동시 다발적으로 추진되는 국제공항개발, 철도 노선 개발 등에도 새만금개발과 유사하게 민간자본과 국민 펀드를 활용하여 지역개발이 아닌 국가, 나아가 글로벌 브랜드 프로젝트로 만들어 낼수록 성공 가능성은 높아진다. 재정 여력 부족을 고려하면 민간자본과 국민 펀드 개입 없이는 거대 인프라 개발 성공이 상당한 시련을 겪게 될 것으로 예상된다.

국민 혹은 시민의 자금을 개발 프로젝트에 활용하여 성공시킨 사례가 있다. 오사카 인근 도시인 수이타시에 있는 축구전용 구장을 헐고 신규 구장을 건설해야 하는 데 자금이 부족했다[30]. 수이타시 기반의 프로축구팀 감바오사카는 시민을 참여시키는 전략을 수립했다. 축구 전용 구장 건설 예산 중 시민과 축구팬들이 낸 기금은 4%에 불과했지만 공공재정과 민간기업의 투자를 견인하는데 결정적인 역할을 했던 성공사례를 참조하면 충분히 활용 가능한 접근 방식이다. 꼬리가 몸통을 흔드는 전략

29. www.simcity.com
30. TAKENAKA (2017), Design-build approach to Soccer stadium project, The 2017 International Conference of Construction Project Delivery Methods and Quality Ensuring System

인 것이다. 인천국제공항건설1단계에서 영종도와 용유도 주민에게 공항의 완공 후 모습을 다양한 영상으로 보여주는 홍보관을 개방했다. 홍보관을 방문했던 지역주민들의 입소문이 전국으로 퍼지면서 홍보관이 국내 관광지의 하나로 자리메김하기 까지 했다. 지역 주민의 민원이 급격히 감소하는 효과뿐만 아니라 프로젝트의 원군이 되기도 한 효과까지 거두었다. PM의 고유 역할을 아니었지만 발주기관과 PM이 협력하여 완성시킨 것이다.

09

인프라 개발 프로젝트의 성공을 주도하는 3요소

길 가던 사람이 사과나무를 심는 3명의 농부에게 물었다.
첫 번째 농부는 주인이 심으라고 해서 심는다고 답했다.
두 번째 농부는 일당을 벌 기위해 심는다고 답했다.
세 번째 농부는 과수원을 만들기 위해 사과나무를 심는다고 답했다.
내일 지구의 종말이 온다 할지라도 나는 오늘 한그루의 사과나무를 심겠다.

철학자 스피노자 심정을 메가 프로젝트 시행기관이 가져야 한다.
오늘과 내일 심는 사과나무 한그루 한그루가
내일의 청소년들에게 꿈과 희망을 주는 과수원이 되기 때문이다.

인프라 개발 프로젝트에 대한 재인식

신도시개발, 국제공항개발, 새만금개발 프로젝트 등은 모두 '10-10'을 넘어서는 초거대 메가 프로젝트다. 메가 프로젝트 자체가 국가 혹은 지역을 대표하는 랜드마크 혹은 플래그십 성격을 가진다. 총 투자비가 28조원을 넘어서는 가덕도신국제공항개발, 22조원을 넘어서는 새만금개발 프로젝트는 지역이 프로젝트가 아닌 국가의 랜드마크 프로젝트가 될 수밖에 없다. 피 할 수 없이 국내 · 외로부터 주목을 받을 수밖에 없다는 뜻이다. 수십조원을 넘는 국고 투입은 국민의 관심이 쏠리는 것은 어쩌면 당연할지 모른다. 대규모 인프라 투자와 함께 생산시설이 상품과 일자리를 창출하는 거대한 화수분을 만드는 프로젝트다. 공급이 새로운 수요를 창출하는 메가 프로젝트로 자리메김 해야 한다. 가덕도신국제공항 건설은 비슷한 시간대에 대구 신국제공항, 제주도 신국제공항, 새만금 신국제공항 등 초대형 국제공항이 동시에 진행된다. 새만금개발 프로젝트 역시 2050년까지 지속된다. 옛말로 치면 강산이 2~3번이 바뀔 만큼 긴 여정이다. 국가 재정 여력이 충분하지 않기 때문에 예산이 적기에 조달되지 못할 가능성이 높다. 이로 인해 공기 지연과 투자비 증가가 충분히 예상되는 상황이다.

21세기가 1/5이 지났을 뿐인데도 글로벌 환경과 기술은 빠르게 변하고 있다. 시장과 시장, 산업과 산업, 기술과 기술 사이 경계선이 허물어지고 있다[31]. 불확실성과 변동성의 시대에는 미래를 예측하는 것 자체가 무의미하다는 결론을 내리고 있다. 예측하는 미래보다 만들어가는 미래에 도전해야 함을 강하게 시사하고 있다. 제4차 산업혁명[32]이 촉발시킨 인

31. 매일경제신문(2015), 2015 다보스 리포트
32. 매일경제신문(2016), 2016 다보스 리포트

공지능 시대 진입은 과거와는 전혀 다른 세상을 예고하고 있다. 전통적인 아날로그 시대가 종식되고 새로운 디지털 시대가 다가오기 시작했다. '10-10' 메가 프로젝트는 아날로그 시대정신을 대변하는 대규모 토목 혹은 인프라 건설 프로젝트가 아니다. 한 국가의 랜드마크 프로젝트는 불확실한 미래에 대비하기 위해 새로운 성장 동력을 만들어 내는 의도된 메가 프로젝트다. 예측한 상품이나 시설은 급변하는 환경에 따라 얼마든지 변 할 수 있는 가변성이 있다는 의미다. 국민의 눈으로는 완공되기 전까지는 없어도 되는 프로젝트일 뿐이다. 국민의 관심에 크게 좌우되는 정책 및 정치권의 성향을 지배할 전략이 절대적으로 필요해진다.

불확실한 변동성에도 불구하고 국가 주도의 메가 프로젝트는 시작됐다. 외적 및 내적 환경 변화 변수가 많지만 성장 동력을 자유롭게 만들어 낼 수 있는 가능성도 있다. 국내는 물론 해외에서 건설된 대규모 개발 프로젝트와는 다른 PM과 PMS 체계 구축이 필요하다. 동시에 프로젝트 특성에 맞는 시스템 개발로 가야 프로젝트와 PM이 성공할 가능성도 높아진다.

프로젝트의 성패를 좌우하는 3大 축

공공재정이 주도하는 메가 인프라 개발 프로젝트의 성공과 실패 여부는 〈그림 1〉과 같이 정책(policy), 전략(strategy), 그리고 기술(technology)이라는 3大 축에 좌우된다.

정책 실행에는 프로젝트의 방향성과 실행을 위한 제도(rule)가 강조된다. 가덕도신국제공항 개발이나 새만금개발 프로젝트는 특별법으로 추진된다. 국가의 랜드마크 개발 프로젝트를 위한 특별법은 통상적으로 국가기관이 주도하는 '00청' 혹은 '00공단' 등 설치 규정을 둔다. 행정중심복합도시개발청이 대표적인 국가 주도의 시행기관 사례다. 이러한 공공시행기관은 특별법에 의해 설립된 정부기관이기 때문에 특별법과 제도를 따라야 할 변수(variable)가 너무 많다. 시행기관이 임의로 법과 제도를 수정 할 수는 없다. 정책과 제도는 공공시행기관의 권한과 책임 영역에서 벗어나 있는 외생변수다.

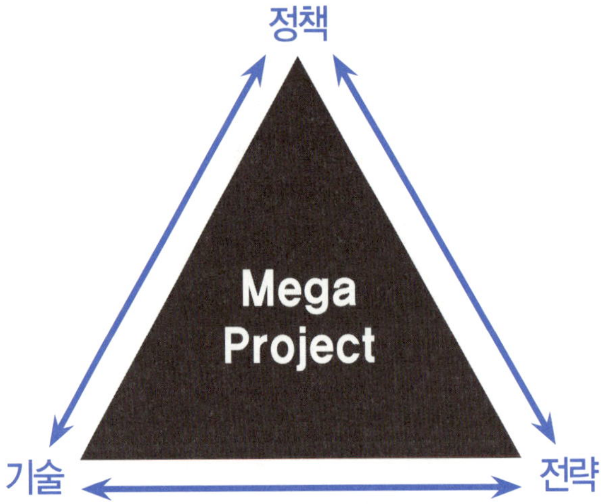

〈그림 1〉 메가 프로젝트의 승패를 좌우하는 3大 축

건설로 시작되는 개발 프로젝트에서 기술의 중요성과 비중은 누구도 부인하지 못한다. 다만 새만금개발 프로젝트와 같은 토목과 건축 중심의 인프라 구축과 들어서게 될 생산시설이 미지의 신기술이나 첨단기술을 요구하는지는 별개의 문제다. 신국제공항개발 프로젝트에는 첨단기술이 다수 동원되었지만 새만금 개발의 경우는 보편적인 건설기술이 동원된

다. 메가 프로젝트에 도입되는 기술의 한계선은 존재하지 않는다. 건설 기술이 그만큼 발전되었기 때문이다. 더구나 외부기관이나 조직에서 공공시행기관 주도 프로젝트에 특정 기술을 강요 할 권한은 없다. 기술이 중요하기는 하지만 공공시행기관이 자체적으로 선택 할 수 있는 권한이 보장되어 있다. 3大 핵심 요소에 포함되어 있지만 프로젝트 내부 조직에서 권리행사가 가능하다. 메가 프로젝트에서 기술은 변수(variable)가 아닌 상수(constant)다. 프로젝트 내부에서 관리가 가능한 순수한 내부 상수로 보는 게 합리적이다. 다만 최근의 기술이 독자 기술보다 타 기술과의 융합이나 통합이 대세라는 점에서 기술패키지를 3大 축에 포함시키는 게 합리적이라 판단했다.

정책과 기술을 연결시키는 중간 지대로 전략의 축이 있다. 외생변수와 프로젝트 내부 상수를 활용하여 프로젝트를 정해진 공기(on time)와 정해진 예산(within budget)에 완성시키는 역할 및 책임은 PM의 기본이다. PM은 전략 축에 속해있다. 정책과 기술의 축을 움직여 프로젝트가 정상적으로 진행 될 수 있도록 하는 역할이 PM이 속한 전략의 축이다. 계획 없는 전략은 있을 수 없다. 프로젝트는 시간과 돈, 그리고 품질과의 전쟁이다. 전략 없는 전투는 필패다. 전략을 제대로 세우려면 여러 상황을 가정하여 다양한 시나리오를 개발하게 된다. 프로젝트라는 전쟁에서 이기려면 다양한 시나리오 기반 전략 개발이 절대적으로 필요하다는 의미다. 다양한 시나리오가 전략 수립의 기본이듯 프로젝트관리를 위한 PM도 오직 한 길 만이 존재한다는 생각은 버리는 게 좋다. 그만큼 유연성이 필요하다는 뜻이다.

'프로젝트 성공' 없는 'PM의 성공'은 없다

프로젝트와 PM이 떨어져 있으면 프로젝트가 절대 성공 할 수 없다. PM 자체가 PM의 목적이나 목표가 되어서는 안되며, PM을 위한 PMS 개발이 되면 안된다는 뜻이다. PM은 철저하게 프로젝트와 발주자 수요를 충족시키는 역할이며 목표다. 프로젝트와 발주자의 수요와 눈높이에 맞춰야 한다. 프로젝트 성공을 단순하고 명료하게 정립하여 프로젝트 참여기관 모두가 공감하도록 유도해야 한다. 프로젝트 성공은 공기 내 최소 비용으로 목적하는 품질과 성능을 만족시키는 목적물을 완공시키는 데 있다. PM과 PMS 목적은 군더더기 없이 명확하지만 단순하게 정립하는 게 좋다. 프로젝트와 발주자가 묻기 전에 즉석에서 답을 내놓을 준비를 해 놓는 것이 PMS다. 묻기 전에 선제 대응하라는 주문이다. PM의 기본이 '유비무환(有備無患)'이라는 사실을 전문가 그룹은 상시 기억해야 한다. 세계 최대 프로젝트관리 전문가 기관인 미국 PMI나 글로벌 기업 대부분이 PM 교육에서 가장 강조하는 부문이 '계획하고 또 계획, plan, and plan'이다. 대부분의 프로젝트가 실패하는 이유는 '사후약방문(死後藥方文)' 식으로 대응하기 때문이다. 품질보증 및 관리의 기본이 한 번에 제대로 하자는 것(right things, right time)과 같은 개념이다. PM과 품질보증 · 관리에는 공통점이 있다. 바로 'plan the work, work the plan(먼저 계획하고 계획된 일을 하라)'이다. 프로젝트를 성공시키기 위한 PM과 PM 역할을 지원하기 위한 PMS가 반드시 지켜야 할 원칙이다.

이론과 교과서로부터 탈출

앞서 말한 공공재정이 주도하는 메가 프로젝트를 성공시키는 3요소는 PM 교과서에 등장하지 않는다. 이론이 아닌 실전적 경험기반 지식이다. 때로는 전문기술로서 PM보다 훨씬 큰 영향력을 미칠 수 있다. 물론 이 지식은 한 국가의 정책과 제도에 큰 영향을 받기 때문에 국가 간 호환성은 떨어진다. 국가별 정책과 제도의 차이 때문이다. 메가 프로젝트는 실험대상이 아니다. 검증된 지식과 경험을 최대한 동원해야 한다. 메가 프로젝트 PM은 훈련 과정 없이 바로 실전에 투입되는 전략 및 전술이다. 10%의 실수가 작게는 수천억원, 많게는 2~3조원까지 손실로 이어질 수 있다. 보스턴 시 순환도로 도시 간선도로 정비 프로젝트의 경우 당초 추정 예산의 600%까지 늘어난 실 사례도 있을 만큼 정교하고 체계적인 PM 전문성이 요구된다. 해외에서도 메가 프로젝트의 실패 사례가 다수 보고되고 있다. 공공 프로젝트의 실패는 결국 공공재정 부담으로 이어져 국민에게 전가되는 부작용이 발생하게 된다. 교과서 이론으로만 접근하면 실패 할 가능성이 높다. 경험 기반 지식과 전략 동원이 PM 교과서보다 더 큰 위력을 발휘한다는 걸 경험을 통해 확인했다.

보편적으로 PM 교과서는 '프로세스(process) 혹은 기획(plan)' 이론을 크게 다루지 않는다. 교과서에 담을 만큼 논리적 이론을 정립하기 어렵기 때문으로 추정된다. 공정관리 이론에서는 'CPM' 기법을 크게 다루지만 전략 및 기획단계에서는 이론보다 경험적 지식의 가치를 더 중시한다. 이론상으로는 프로젝트의 'critical path, CP'는 공정관리 S/W 프로그램(예, Primavera 6, P6)이 만들어 낸다고 하지만 실전에서는 경험과 지식을 가진 전문가 혹은 사업책임자가 전략적으로 'CP'를 만들어 낸다. 프로젝트 프로세스와 전략을 고려하기 때문이다. 물론 실행 과정에서 CP가 수시로 바뀔 수는 있다. 하지만 경험기반 지식은 초기 계획이나 전략 수립 단계에서 공기 준수에 가장 걸림돌이 될 경로를 선택하여 CP로 결정하는 것이다.

국내 대부분의 PMC는 PMS 개발을 교과서 이론을 기본으로 접근한다. '선 PMS 개발, 후 사용' 절차에 무게를 둔다. 이 때문에 발주기관 및 프로젝트 수요자로부터 멀어지고 정작 사용되어야 할 시기(timing)을 놓치게 된다. PM 이론에서는 CPM 공정관리 기법에 무게를 두지만 실전, 특히 메가 프로젝트의 경우 초기 기획 및 전략 수립단계에서 바차트 공정표가 CPM 공정표보다 더 큰 힘을 발휘하게 되는 것도 이 때문이다. 전문적인 기술보다 경험기반 지식으로 개발되는 전략의 가성비가 훨씬 높다. 메가 프로젝트를 성공시키려면 교과서 이론 일변도에서 탈피하고 경험과 지식을 가진 전문가그룹의 지혜를 최대한 활용하기를 권고하는 이유다.

10

성공하는 프로젝트에는 이유가 있다

한국양궁이 세계 최고 수준에 있음이 2021년 7월 올림픽에서 재확인됐다.
양궁은 선수의 노력에 전략과 전술이 기술에 힘을 보태는 프로젝트다.
과녁 명중을 위해 풍향과 풍속, 기온 등 주변 환경을 분석한다.
경기장에서 외치는 선수의 고함은 다분히 전략적이다.
전략과 기술, 현장 전략 임기응변의 집합체가 승리를 이끈다.
승리를 위해서는 강력한 'one-team' 구축이 절대적이다.

양궁과 프로젝트의 성공과 실패에는 차이가 없다.
프로젝트 성공에는 반드시 이유가 있다.

프로젝트의 성공과 실패를 좌우하는 다양한 변수

프로젝트의 성공과 실패는 분명하게 정립 될 수 있다. 프로젝트의 목표는 공기(time), 예산(cost), 품질(quality), 안전(safety), 성능(performance)과 같은 정량적 수치로 나타낼 수 있다. 목표가 달성되면 성공이고 미달이면 실패다. 반론의 여지가 없다. 물론 외적 변수로 성공 혹은 실패에 반론을 제기 할 수는 있다. PM 전문협회나 기구의 결론은 변수에 영향을 받지 않는다. 프로젝트 목표에 정성적 미사여구가 포함될 수 있지만 정량적 측정이 불가능한 것은 구호나 포장에 불과하다. 그만큼 프로젝트의 목표는 분명해야 함을 의미한다. 프로젝트와 비즈니스가 함께 성공하는 것이 가장 바람직하기는 하지만 동시에 달성하기는 어렵다. 프로젝트의 성공과 실패 여부와 관계없이 준공 후 비즈니스가 성공을 거둘 경우 프로젝트는 단 시간 내에 잊혀 지게 마련이다. 반대로 비즈니스가 실패하면 프로젝트의 성공 여부와 관계없이 비난을 받는 게 일반적이다. 프로젝트 실패가 비즈니스 실패로 이어지는 경우 비난의 대상이 프로젝트 실패이지 비즈니스가 아니다. 이 점은 모든 개발 프로젝트가 피해 갈 수 없는 숙명이다.

PM의 지식 분야는 PMI가 발간하는 교본(PMBOK-construction extension)이나 대학 교재에서 보편적으로 ① 통합(integration), ② 범위(scope), ③ 시간(time), ④ 비용(cost), ⑤ 품질(quality), ⑥ 자원(resource), ⑦ 소통(communication), ⑧ 리스크(risk), ⑨ 구매(procurement), ⑩ 안전(safety), ⑪ 환경(environment), ⑫ 금융(finance), ⑬ 클레임(claim)로 정립되어 있다. 국내 대학에서 강의하는 인공지능(AI), 빅데이터(big data), 정보통신(ICT) 등은 선진국의

PM 교본에서는 다루지 않는다. 이유는 새롭게 부상된 기술은 독자 혹은 고유 지식으로 인정하기보다는 각의 전문분야에서 활용 할 수 있는 도구(tool) 혹은 보조기술로 보기 때문으로 해석된다. 또한, CM · PM 이론이나 지식과 경험이 프로젝트의 성공을 좌우하는 요소인가는 논쟁의 여지가 많다. 예를 들어 정해진 공기 준수에 CPM 지식과 경험이 필요 · 충분조건은 되지 못한다. 필요조건 중 하나지만 충분조건은 아니다.

PM 지식뿐만 아니라 프로젝트 성공과 실패를 좌우하는 요소로 중요하게 다뤄져야 할 부문은 ① 프로젝트에 대한 오너십 확보 여부다. 프로젝트의 오너십은 발주기관 혹은 발주자의 고유한 몫이 아니다. 프로젝트에 참여하는 모든 참여자(stakeholder)가 각자 몫에 대한 오너십을 가져야 한다는 의미다. 물론 발주기관의 오너십 확보 여부가 결정적인 역할을 하는 것임에는 이론의 여지가 없다. 오너십 여부는 정량적으로나 이론적으로 정립하기 어려운 특성이 있다. 그럼에도 불구하고 경험적 결론은 가장 큰 영향력을 발휘한다는 분명한 사실이다. 오너십 중에서도 가장 큰 위력을 발휘하는 부문이 프로젝트와 조직을 이끌어 가는 ② 리더십이다. 많은 사람들이 프로젝트의 성공시키는 주요한 요소로 PM을 지목하지만 필자의 경험적 판단은 사업책임자의 관리 혹은 경영(management) 역량보다 리더(leader) 역량이 더 중요하다는 결론이다. 관리는 위에서 아래로 지휘하는 일종의 압박(push)이지만 리더는 앞에서 프로젝트와 조직을 이끌어(pull)가는 역할이라는 큰 차이가 있다. 관리와 리딩을 혼돈하기는 하지만 역할과 위치에 분명한 차이가 있다. 프로젝트는 개인이 아닌 조직이 수행한다. 프로젝트 조직은 프로젝트 수행만을 목적으로 하는 임시 성격이 강하다. 상설조직이 아니기 때문에 프로젝트 수행을 위해 다양한 인적자원이 모여든다. 다양한 지식과 경험, 전문분야가 일시적으로 동원되기 때문에 ③ 조직문화가 정착될 시간적 여유가 없다. 한자어에 오합지졸(烏合之卒)이라는 용어가 있다. 사공이 많으면 배가 산으로 올라간다는 격언도 있다. 프로젝트 성공을 위해서는 조직이 'one-team'이 되어야 한다. 역량의 높낮이나 경험 과다와 관계없이 목표 달성을 위해서는 프로젝트가 한 팀원으로 움직여야 성공 가능성이 높아진다는 의미다. 조직문화를 조기에 구축하는 것이 프로젝트 성공과 실패에 주요한 영향을 미치게 된다.

교과서 안의 지식이나 실무경험이 프로젝트 성패에 주요한 영향을 미치는 것은 맞지만 지배하는 결정적인 요소는 아니다. 기여하는 것과 지배하는 역할은 다르다는 뜻이다. 선진국에서 PM을 학문으로 보기보다 개별 요소를 융합시켜 목표 달성을 위해 무엇이 필요한지를 설계하는 지식 역량을 중시하는 이유도 여기에 있다. 개별 요소 기술이나 외부 환경 요소를 어떻게 융합시켜야 성공시킬 수 있는지를 판단하는 역량이 절대적으로 필요한 것이다. 프로젝트 성공과 실패에 영향을 미치는 요소는 프로젝트 내적 변수는 물론 외적 변수, 그리고 예측하기 어려운 돌발변수가 상시적으로 발생할 수 있다. 건설이 비복제·비반복·비표준으로 대표되는 산업이듯이 모든 건설 프로젝트에게는 숙명적이다. 한 번의 성공이나 실패가 다른 프로젝트의 성공과 실패로 반드시 이어지지는 않는다는 것을 과거 사례를 통해 알 수 있다.

성공한 프로젝트 사례 1 : 상암월드컵경기장 프로젝트식[33 34]

2002년 한 · 일 월드컵 공동개최로 확정된 날은 1996년 4월 말이었다. 월드컵 개막식까지는 72개월이 남았었다. 한 · 일 양국 간 32게임씩 나눠 갖기로 했다. 일본에서는 10개 경기장이 건설되기 시작했을때 국내에서는 1998년 2월까지도 국내 경기장을 확정시키지 못했고 개막식과 개막경기장도 확정 짓지 못하고 있었다. 한국월드컵조직위원회가 전문가로 구성된 개최지 선정자문위원회를 구성하여 2개월간 후보예정지의 방문조사를 통해 상암월드컵경기장을 새로 짓기로 하고 나머지 9개 개최 장소도 최종 결정됐다. 공동개최로 확정된 날로부터 24개월이 지난 시점이었고, 개막식까지 48개월이 남은 시점이었다. 하지만 2001년 11월 10일 상암월드컵경기장에서 개장 기념 경기가 열렸고, 2002년 5월30일 화려한 개막식에 이어 개막경기까지 성공적으로 치뤄냈다. 국민과 언론의 염려를 불식시키는 월드컵경기장 프로젝트의 성공을 알리는 신호탄이었다.

월드컵 경기 개최지는 결정되었지만 국내 10개 경기장 프로젝트에 리스크가 외부에 노출되기 시작했다. 우선 개최일까지 잔여 공기를 48개월로 예상했지만 FIFA로부터 개막일 6개월 전까지 경기장 출입구 및 안전관리를 위해 열쇠를 넘겨줘야 한다는 요구가 나왔다. 48개월이 아닌 42개월밖에 남아있지 않아 당장 공기 준수에 비상등이 켜졌다. 운동장에 인공 잔디가 아닌 천연잔디를 깔아야 한다는 요구는 공기 압박을 더욱 가중시켰다. 더구나 국내에서 축구 전용 구장에 대한 설계와 시공, 그리고 PM에 대한 경험과 지식이 충분하지 않아 품질과 완성도에 대한 확신이

33. 이복남(2001), 월드컵경기장건설사업 자문보고서
34. 이복남(2001), 입 · 낙찰 및 계약제도에 대한 평가, 건설저널, 2001.12월호, 한국건설산업연구원

부족한 상태였다. 특히 축구 전용 구장건설의 경험 부족으로 사업비 추정도 어려웠다.

공기 준수를 위한 전략을 수립하기 시작했다. 공기가 부족할 때 사용할 수 있는 발주방식으로 설계시공일괄방식(design build)을 선택하기로 했다. 또한 발주자의 사업관리 역량 강화를 위해 최초로 CM방식을 도입하기로 결정했다. 공기단축을 위해 설계와 시공을 병행하는 'fast-track'방식을 채택하기로 했다. 현장 공사기간 단축을 위해 수직기둥과 수평바닥을 동시에 시공하는 개념으로 수직제는 현장시공, 수평제는 최대한 공장제작인 PC공법을 활용하기로 했다. 서울의 상암구장의 추진전략이나 공법 등이 신축되는 타 구장에도 그대로 적용될 것을 감안하여 발주기관(서울시)이 선택 할 수 있는 모든 방식을 동원하기로 했다. 상암구장 프로젝트 수행방식이 국내 타 구장건설에도 그대로 영향을 미치기 때문에 신중하지만 신속한 의사결정이 절대적으로 필요했었다.

상암월드컵구장 프로젝트를 성공적으로 완수시키는 결정적인 요소는 7가지로 정리될 수 있다.

첫 번째 성공 요소는 발주기관의 확실한 오너십을 들 수 있다. 서울시는 상암구장 프로젝트의 공기 압박을 충분히 인지하고 엘리트 공무원으로 구성된 전담조직을 구성하여 일종의 'project island'팀을 발족시켰다.

두 번째 성공 요소는 서울시 공무원 중심의 프로젝트관리 전담조직이 민간의 CM전문기관과의 역할을 확실하게 분담하기로 한 것이다. 공공조직은 대외 창구 역할로 서울시와 정부, 국회 등 외부 보고와 접촉을 전담하고, 민간 CM조직은 프로젝트관리 역할을 전담하기로 했다.

세 번째 성공 요소는 서울시와 민간 CM, 그리고 턴키계약의 'one team'이라는 조직 문화 분위기 조성이었다. 전통적인 갑을 관계에서 '같은 배'에 탄 선장과 선원 문화를 자연스럽게 조성한 것이다.

네 번째 성공 요소는 지리적 위치 선정이었다. 난지도에 인접한 상암동 지역은 서울의 대표적인 낙후지역이었다. 당시 서울시의 변방으로 알려졌던 서북부 지역을 개발하여 성장지역으로 변신시키겠다는 당시 마포구청장의 기대가 상당한 몫을 했다. 지역주민의 민원이 타 프로젝트와 비교해 적었던 것이다. 물론 부지선정에는 서울시 보유 부지 이용도 큰 영향을 미친 것은 사실이다.

다섯 번째 성공요소는 정부와 국회의 적극적인 지원을 의도적으로 이끌어내는 전략을 구사했다. 당시 설계시공을 병행하는 'fast-track'방식을 수용할 수 있는 법·제도가 미비했던 시기다. 적기 준공을 위해서 필요한 초법(?)적 접근을 문제 삼지 않았다.

여섯 번째 성공 요소는 발주방식으로 설계시공일괄(DB), 프로젝트관리로 CM, 공법으로는 사전제작방식에 해당하는 PC공법을 최대한 활용했다는 점이다. 공기를 단축하기 위해 발주자와 계약자가 선택 할 수 있는 모든 수단을 동원한 것이다.

일곱 번째 성공 요소는 FIFA의 요구사항을 마일스톤으로 하여 공기 준수를 위해 버팀목으로 활용한 것이다. FIFA 입장에서는 한국의 월드컵 경기장 건설이 늦어져도 일본의 10개 구장을 활용할 수 있었기 때문에 굳이 마일스톤을 변경시킬 이유가 전혀 없었고, 서울시는 FIFA의 마일스톤을 필요한 예산의 적기조달에 최대한 활용 했던 것이다.

상암월드컵구장 프로젝트의 성공은 건설기술이나 공법, 프로젝트관리 등 내적변수가 아닌 외적변수가 결정적인 영향을 미쳤다고 볼 수 있다. 발주기관이 조직 내부의 경험과 지식, 그리고 전문인력 부족을 솔직하게 인정했고 이를 통해 외생변수에 대응하기 위해서는 전략적 선택과 결정이 필요함을 절실하게 깨달았다. 현실을 솔직하게 인정하고 대응했던 점이 위기에 몰린 프로젝트를 성공적으로 이끌어냈다는 평가다.

성공한 프로젝트 사례 2 : 전주월드컵경기장 프로젝트[35]

1998년 전주월드컵 경기장 신설로 확정될 당시 전주시의 상주인구는 약 65만명 내외였다. 전주시는 월드컵 경기를 통해 오랜기간 동안 정체되어 왔던 경제를 활성화시키는 촉진제로 활용하고자 했다. 당시 전주시는 물론 전주시가 속한 전라북도의 경제력으로는 감당하기 힘들었다. 월드컵경기장으로 지정된 10개 지역 중 5개 구장(서울, 부산, 대구, 광주, 대전)은 국비를 지원받기로 했지만 5개 구장(인천, 울산, 수원, 전주, 제주)은 국비 지원 없이 도비 혹은 시비와 민간자본으로 자체 충당하기로 했다. 뒤늦게 경기장 유치경쟁에 뛰어든 탓에 국비지원 없이 필요한 경

35. 이복남 외 4명(1999), 2002년 월드컵경기장 건설 현안 분석 (1999년 4.30 기준, 한국건설산업연구원 내부 보고서)

비를 100% 도비와 시비, 그리고 민간자본으로 충당하겠다는 약속을 내세웠던 것이다. 재정 여력이 부족한 중앙정부를 설득하기 위해서는 10개 구장으로 분산하여 개최하는 게 지역균형발전에 도움이 된다는 점을 강조했다.

전주시는 상암경기장에서 채택한 PC공법, 설계시공일괄입찰, fast-track방식과 CM방식 등을 그대로 따랐다. 당시 전주시에서 자체적으로 수립했던 전략에는 기존 도심권에 위치한 종합경기장 부지 매각을 통해 시 외곽지역에 경기장을 신축 할 수 있는 예산 확보가 가능할 것으로 예상했다. 필요한 예산(당시 추정 예산 1,450억원)의 약 20%는 수익사업을 전제로 민간자본으로 충당하고 시에서 32%를 자체 충당하고 나머지 약 48%(690억원) 정도는 도에서 지원받는 것으로 계획했다.

전주월드컵경기장 신축 프로젝트는 착수 초기부터 잠재 리스크를 안고 있었다. 한국건설산업연구원이 특별히 구성한 '2002년 월드컵경기장 건설 현안 분석팀' 이 자체적으로 중간 조사한 결과 전주시 월드컵경기장은 3大 리스크가 잠재되어 있음을 확인했다. 첫 번째 리스크는 전주시가 경기장 유치를 위해 정부에 약속했던 필요한 예산의 자체 조달이 거의 불가능에 가까워 국비 지원 없이는 공기 내 준공이 어려울 것으로 예측되었다. 두 번째 리스크는 설계 및 시공일괄입찰에 참여한 시공사 컨소시엄 멤버의 경영역량에 문제가 있음이 발견되었다. 실제 3개 시공컨소시엄 멤버 중 2개사가 중간에 부도가 발생되어 공기 준수에 빨간 불이 켜졌었다. 세 번째 리스크는 전주시 공무원 조직과 인력의 경험과 지식 부족이었다. 당시 전주시가 발주한 공사 중 150억원이 넘는 공사에 대한 집행 및 관리 경험이 전무했다.

전주월드컵경기장 건설 프로젝트는 3大 리스크에도 불구하고 배정된 2002년 월드컵 3경기를 성공적으로 개최했다. 전주월드컵경기장 프로젝트를 성공시킨 주요 요인을 5가지 요소로 정리했다.

첫 번째 성공 요소는 발주기관의 최고책임자인 시장의 오너십과 리더십을 들 수 있다. 경기장 신축을 시장의 임기와 무관하게 자신을 프로젝트의 총괄책임자(PD, project director)로 인정했다. 공기 내 준공을 위해 필요한 모든 행정적 지원을 챙겼고 공조직의 특성인 감사원의 감사도 자신이 받겠다는 선언까지 했을 정도로 오너십이 확실했다. 공조직의 의사결정 지체 혹은 기피 리스크를 제거 할 수 있었다.

두 번째 성공 요소는 전주시 공무원 스스로가 자기 조직의 역량 한계를 인정했다는 점이다. 조직의 경험 부족은 물론 보유 인력의 지식과 경험 부족을 스스로 인정했다. 동시에 전주시 조례 규정은 물론 기존 제도로는 경기장을 공기 내 준공하기 어렵다는 판단을 했다. 프로젝트를 시 규정과 절차가 아닌 프로젝트 특성에 맞는 규정 및 절차가 필요함을 절실하게 깨달았다. CM서비스 공급자로 선정된 외부기관에 프로젝트관리를 위한 절차서 개발을 요구했고 절차를 따르기로 했다. 전주시 조직과 공무원의 경험과 지식 부족 리스크를 완화시킬 수 있었다.

세 번째 성공 요소는 전주시 조직과의 독립성 확보를 위해 일종의 'project island(프로젝트 전담조직)'으로서 'one team'을 구축하기로 했다. 전주시에서 경기장 건설현장으로 파견했다. 전주시 파견공무원과 CM서비스 기관이 통합조직 형태로 운영하기로 했고 규정과 절차는 CM

팀이 개발한 절차서를 따르기로 했다. 당시로서는 파격적인 제안이었다. 통합조직에 시공무원 23명과 CM서비스 계약팀 11명 등 총 34명이 상주 근무했었다. 시청과 현장 프로젝트 전담조직과의 일사 분란한 의사소통을 위해 당시 전주시의 기획국장을 PM으로 지정하기도 했다. 경상업무가 아닌 순수한 프로젝트 업무 방식으로 진행시키기 위한 전략이 성공을 거뒀다는 평가다.

네 번째 성공 요소는 재정 여력이 부족한 전주시와 전라북도의 한계를 극복하기 중앙정부로부터 약 600억원을 지원받기 위해 총력을 다 했다. 시장과 도지사가 합동으로 관계기관장과 국회를 상대로 설득 작업을 지속적으로 했다. 그 결과 필요한 국비를 지원받을 수 있었다. 적기 준공에 필요한 예산 리스크를 없앨 수 있었던 것이다. 예산 부족과 함께 시공을 책임을 졌던 3개 컨소시움 중 2개사가 공사 중 부도가 발생하여 공사가 중단될 위기에 처했었다. 주간사 본사조직의 전폭적인 지원과 함께 전주시의 전략적 지원으로 공사 중단위기를 넘길 수 있었다.

다섯 번째 성공 요소는 건설현장에서 발생하는 민원으로 인한 공사 중단 사태를 사전에 차단시키는 전략 구사였다. 경기장 신축 장소를 시외곽 지역으로 지정함으로써 기존 도심지에 있는 종합경기장 재건축으로 인한 과다한 민원 발생과 함께 도시계획 수정에 시간이 소요되는 리스크를 차단 할 수 있었다. 시외곽 낙후지역을 새로운 도시발전 구역으로 지정하는 계획에 시민과 전라북도 도청의 지원과 응원을 받아 민원으로 인한 공기 지연을 방지 할 수 있었다는 평가다.

성공한 프로젝트 사례 3 : 인천국제공항1단계 프로젝트[36][37]

인천국제공항은 2001년 3월 29일 전 세계 항공 산업계가 예의주시하는 가운데 민간항공기 이륙과 착륙이 성공적으로 이뤄지는 기적을 보여줬다. 인천국제공항의 성공적인 개항은 1990년대 후반 개항했던 전 세계 허브공항 모두가 몇 번씩의 개항일 연기와 함께 개항 초기 통신장애와 수화물 처리에 상당한 혼란을 피하지 못한 것과 비교하여 성공적인 프로젝트였다. 동북아허브공항을 지향했지만 자체 기술로 제대로 된 대규모 국제공항을 건설해 본 경험과 지식이 없었기 때문에 국내는 물론 국제항공산업계가 우려하고 있었다. 힘 있는 국내 관계기관의 거듭된 개항 연기 암시, 국제 항공기구의 우려, 미국의 뉴덴버국제공항, 홍콩의 첵랍콕국제공항, 일본의 칸사이국제공항 등에서의 예외 없는 공기 지연 혹은 개항 초기 극심한 혼란이 발생사례들로 인천공항1단계 개항의 성공가능성을 낮게 예측했지만 이러한 불확실성에도 불구하고 인천국제공항1단계 프로젝트는 성공적으로 개항을 했고 11년 연속하여 세계 최고의 서비스를 제공하는 공항으로 평가받기도 했다.

'80년대 경제성장이 거듭되면서 국민의 항공 수요와 항공화물 물동량도 증가했다. '86 아시안게임과 '88 서울올림픽의 성공적인 개최 이면에는 국내 최대 국제 공항 역할을 했던 김포공항의 수송처리 문제가 화두로 부상되기 시작했고, 국민의 해외여행이 늘어나면서 자연스럽게 타 국제공항과의 비교에서 국내 공항의 양적 및 질적 수준을 체감하기 시작했다. 국내 공항 대부분이 순수 민간 공항이 아닌 군용공항에서 출발했기

36. 인천국제공항공사 외 국내 · 외 3개사(2001), 인천국제공항건설(1단계) 사업관리최종보고서
37. 이복남(2020), 세계 최고의 공항이 된 인천국제공항의 건설사업을 성공으로 이끈 PMC 이야기, 서울대학교 출판문화원

때문에 국제공항 신설의 필요성을 공감하면서도 본격적으로 추진되지 못했다. 당시 국내 공항을 총괄관리하는 사령탑 역할을 한국공항공단이 책임지고 있었었다. 공단조직은 공항 운영 중심의 경상업무 조직이기 때문에 공항건설에 대한 경험과 지식이 충분하지 못한 상태였고, 누구보다 공단 내부에서 조직 역량의 한계를 인정하고 있었다. 하지만 정부는 특별법에 따라 당시 건설부(현 국토부) 내 신공항기획단 조직을 신설했고, '수도권신공항건설공단'이라는 프로젝트 전담조직을 출범시켰다.

특별법과 프로젝트 전담조직까지 구성했지만 출범 당시 극복해야 할 6大 리스크를 모두가 인지하고 있었다.

첫 번째 리스크는 신공항건설공단 조직과 인력의 경험과 지식, 그 중에서도 PM에 대한 전문지식과 인력 부족이었다. 현재 조직역량으로는 동북아 허브공항을 지향하고 연간 여객처리 능력 1억 명을 소화시킬 수 있는 최고의 국제공항 건설을 독자적으로 관리하기에는 역부족이라는 사실을 인지하고 있었다. 포화상태에 이르렀던 당시 김포공항의 여객 수송능력이 3천만명 이하였기 때문에 조직 역량의 한계를 스스로 인지하고 있었다.

두 번째 리스크는 지리 및 지형적 리스크였다. 공항부지로 확정된 영종도 자체가 섬과 섬 사이를 매립하는 것이기 때문에 침하, 특히 부등침하 문제가 예견되었다. 육지가 아닌 섬이었기 때문에 인력과 자재 등 접근과 물류 이동에 대한 리스크가 상당히 컸었다. 당시 영종도 전체 상주인구가 5천명 이하로 공사용 인프라(도로 교통, 전기, 상·하수도, 통신 등)가 늘어나는 공사용 인력(최대 15,000여명)을 소화시키기에는 턱 없이 부족한 상태였다.

세 번째 리스크는 출발 당시 예측했던 약 3.5조원의 예산을 적기에 조달할 수 있는지에 대한 확신이 없었다. 대부분의 공공프로젝트가 착수보다 예산 부족으로 준공이 늦어지는 현상이 보편적이었기 때문이다. 더구나 착공년도와 준공년도가 동일했던 경부고속철도에 필요한 예산이 10.7조원이라는 엄청난 금액이었기 때문에 공항건설을 위한 예산을 적기에 조달하기 어려울 것이라는 예측이 대세였다.

네 번째 리스크는 국제공항의 비즈니스 성공 여부는 국제항공사 유치에 좌우된다. 국제항공사 유치가 저조 할 경우 자칫하면 승객 없는 유령공항이 될 수 있다는 불안감이 있었다. 외국항공사 유치에 대한 경험이 없었던 신공항건설공단으로서는 계획 초기에 상당한 리스크를 체감하지 않을 수 없었다.

다섯 번째 리스크는 공항이전에 대한 경험과 지식이 전무에 따른 문제였다. 초기에는 이 리스크를 제대로 감지하지 못했었다. 프로젝트 추진이 본 궤도에 올라서면서 기존 김포공항의 국제항공통제시스템을 24시간 이내 인천국제공항으로 완벽하게 이전해야 하는 문제가 부상되면서 신공항건설공단은 물론 국토부까지 쉽게 해법을 찾지 못했다.

여섯 번째 리스크는 '최고 · 최신 · 최첨단(3최)'를 내세운 슬로건에 따른 기술적 문제였다. 품질과 성능을 앞세웠던 세계 최고 공항이 자칫하면 규모 최대로 오인 될 수 있는 리스크였다. 국민은 물론 세계 항공산업계는 어떤 새로운 기술이 도입 될지에 대한 관심이 높았다. 높은 기대 수준에 걸맞지 않는 기술을 도입 할 경우 자칫하면 건설과정에서 폄하를 받을 수 있었다. 최첨단 국제공항을 지향하기 위해 세계항공 사상 첫 시도로 통합정보시스템(AICC)을 구축하기로 결정했다. 항공통제정보, 민간여객정보, 공항보안정보 등 주요 정보를 통합하여 관리하는 시도가 실패할 경우 엄청난 파장을 불러 올 수 있다는 사실도 인지하고 있었기 때문에 정부는 물론 당시 프로젝트 조직 내에서도 이에 대한 회의적인 시각도 많았었다.

이렇게 예견된 6大 리스크 어느 하나라도 놓치면 프로젝트를 성공시키지 못하는 상황이었기 때문에 리스크를 대비(hedge), 기피(avoid) 혹은 완화(mitigate)시키기 위한 전략을 수립했다. 리스크를 넘어 성공 신화를 창조할 수 있었던 10大 성공 요소를 20년이 지난 시점에 다시 짚어본다.

첫 번째 성공 요소는 PM에서 가장 중시하는 전략 및 계획 수립 과정을 들 수 있다. PMI 교본에서 프로젝트 성공을 위해서는 3P(plan, plan and plan)를 강조한다. 그만큼 프로젝트 성공에서 차지하는 비중이 높다는 사실을 방증해주고 있는 것이다. 한국공항공단 내 신공항건설본부는 초기부터 조직과 기존 제도의 한계성을 인지했다. 자체 조직에서 독립적으로 전략과 계획 수립이 불가능한 사실을 인정했다. 그러나 조직 내부에서 외부조직에 신국제공항 프로젝트 계획 및 관리 수행전략(국내 대규모 프로젝트에서 흔히 수립하는 'project management plan', PMP의 효시)수립을 외부기관에 의뢰하는 방침에 대해 조직 내 반대가 많았었다. 이를 극복하기 위해 당시 전산화 조직을 내세웠다. '신공항건설사업관리전산화' 용역이라는 명칭으로 외부기관에 의뢰하여 프로젝트의 성공을 위한 전략 및 계획을 수립할 수 있었다. 그리고 이 계획서가 프로젝트 성공에 가장 큰 영향을 미쳤다는 평가를 받고 있다. 비록 공단 내부 조직에서는 PM의 이론적 기본지식과 경험이 부족했으나 무엇이 중요한지는 알고 있었던 것이다.

두 번째 성공 요소는 발주기관인 수도권신공항건설공단이 가졌던 프로젝트 성공에 대한 의무와 책임감을 들 수 있다. 내부 조직만으로는 거대한 프로젝트를 성공시킬 수 없다는 한계성을 스스로 인지했다. 외부 전문기관에 PMC서비스를 의뢰하기로 결정했다. 조직 출범 당시에 임명된 CEO가 가졌던 프로젝트의 오너십이 결정적인 기여를 했다는 평가다. 신규 국제공항건설에 대한 경험과 지식이 없기로는 국내 민간기업도 마찬가지였다. 이를 극복하기 위해 국제입찰로 PMC서비스 기관을 선정하기로 했다. 국제입찰 당시 국내 · 외 컨소시엄에서 당연히 경험과 지식이 풍부한 외국사가 주간사가 되어야 한다는 주장이 대세였다. 먼저 PMC를 선정했던 경부고속철도에서 이미 경험 많은 외국사를 주간사로 했기 때문에 설득력이 있었다. 공단은 컨소시엄의 주간사를 국내사가 되도록 입찰안내서를 작성했다. 국제공항건설이지만 법과 제도는 국내 기준이라는 명분을 내세웠다. 프로젝트에 대한 오너십이 없었다면 선택하지 않을 수도 있었다.

세 번째 성공 요소는 공항 부지가 섬과 섬 사이의 매립지라는 지형 및 지리적 특성을 극복하는 전략 수립이었다. 국내 전문가는 물론 시민단체와 지역주민이 가졌던 품질과 안전에 대한 불안감 및 불신을 극복하기 위한 전략으로 당시 국제표준화기구(ISO)가 수립한 품질계획 및 관리표준(ISO 9001)체계를 도입하기로 했다. CEO가 가장 먼저 프로젝트의 품질확보를 약속하는 품질경영 선언문(quality plan)에 사인했다. 그리고 이 품질경영 선언문을 액자로 만들어 프로젝트 내부는 물론 모든 사업참여기관들에게 공유했다. 또한, 작업에 대한 품질을 작업실명제를 통해 기록으로 남겨 언제든 확인이 가능하도록 했다. 외부에서 품질하자 문제를 지적받을 경우 객관적으로 기록을 공개할 수 있도록 했다. 이를 통해 품질에 대한 신뢰성과 객관성을 동시에 얻을 수 있었다.

네 번째 성공 요소는 공사현장 인프라 구축이었다. 섬이라는 리스크는 인력과 물류 이동이 최대 걸림돌이었다. 정부의 최초 계획에는 연육교 건설과 현장 내 임시도로 건설이 포함되어 있었다. 그러나 예산 부족으로 인해 연육교가 포함된 고속도로 건설을 민간자본투자사업으로 전환하기로 했고, 민자로 건설되는 신공항고속도로 준공일을 공항 개항 일에 맞춰 공사지원 목적으로는 사용할 수 없었다. 영종도와 용유도로를 잇는 구간에는 버스 1대도 지나가기도 힘들 정도로 도로 사정이 좋지 않았다. 공기를 준수하기 위해 비상 대책을 수립하기로 했다. 공사용 임시부두를 2곳에 건설하여 대량 수송은 월미도와 영종도를 오가는 선편 대신 공장에서 직접 해상교통을 이용하여 임시부두에 하역하는 방식을 사용했다. 이로 인해 현장 근무자가 선편을 이용한 출 · 퇴근이 어려워진 실정을 고려하여 건설현장에 임시 숙소를 최대한 확보하기로 했다. 전력과 상수도 건설은 교량개통에 앞서 돈을 투입하여 해저 구간을 임시로 이용하기로 했다. 이렇게 건설현장에 필요한 공사용 인프라를 최대한 확보했다. 인프라 부족으로 인해 발생하는 공기지연에 따른 간접비 증가보다 가시설 구축비용이 더 경제적이라는 판단을 했던 것이다. 물론 감사를 대비하여 경제성 비교 검토 결과를 문서로 남겼다.

다섯 번째 성공 요소는 필요한 예산의 적기에 조달하는 전략이었다. 예산배정과 편성, 그리고 심의권을 가진 정부와 국회를 논리적으로 설득하는 전략을 펼쳤다. 신공항건설공단 본사를 여의도 국회 맞은편에 둔 이유도 국회 출입 빈도를 높이기 위해서였다. 정부 부처 설득을 위해서 계약패키지별 공정표와 소요 예산을 연계시켜 예산배정 지연 시 예측 가능한 개항일 영향을 금액으로 나타낼 수 있도록 공정표와 예산 수요를 연결시켰다. 또한 개항일 지연이 외국 항공사 유치에 미치는 영향을 금액으로 표시했다. 공기 계획의 합리성을 객관적으로 보여주기 위해 계약공정표와 종합공정표(IPS, integrated project schedule)를 연결시켰다. IPS는 CPM기반의 통합공정표로 개발하여 반론의 여지를 없앴다. 이렇게 예산과 공기를 시뮬레이션으로 보여준 결과 예산 당국이나 국회 심의라는 장벽을 넘어 예산을 적기에 조달 할 수 있었다. 이뿐만 아니라 외국 항공사 유치를 공기 준수의 마일스톤으로 활용한 전략도 예상밖에 효과를 얻었다. 이러한 전략들을 통해 1997년 11월 IMF로 인해 정부 예산이 충분하지 않았음에도 예산 조달의 위기를 극복할 수 있었다.

여섯 번째 성공 요소는 국제공항 설계엔지니링, 건설과 관제시스템 기술이 부족한 약점을 보완하기 위해 경험과 지식, 그리고 국제적인 인지도를 가진 컨설팅사를 수시로 활용하는 전략을 수립했다. 공항에 대한 종합설계엔지어링 역량을 지닌 외국사, 건설 계획 및 시공기술에 대해 경험이 풍부한 공항정보시스템에 대해 지식과 경험을 가진 외국사 등 비교적 장기간에 걸쳐 필요한 외국사는 PMC 컨소시엄에 참여시키는 입찰 안내서를 작성했다. 정보통신 전문외국사는 공항통합정보시스템(AICC) 구축에 대한 리스크를 완화시키기 위한 전략이었다. 공항 운영시스템에 중요한 부문을 차지하는 수화물처리시스템(BHS)은 별도의 계약으로 턴키형태로 발주하기로 했지만 공항 인프라와 연계성을 확보하기 위해 발주자와 PMC가 수시로 외국사로부터 기술 자문을 받을 수 있도록 조처했다. 하지만 현장 공사가 피크 점에 달하는 시기에 김포공항의 국제공항 통제시스템 이전이라는 문제가 발생했다. 24시간 이내에 공항 이전을 완료해야 했다. PMC를 통해 외국의 공항이전프로그램 전문기관을 물색하여 해결 할 수 있었다.

일곱 번째 성공 요소는 발주기관과 PMC를 통합하는 통합사무소(IPMO) 운영체계를 도입하기로 했다. 발주기관이 공공조직이기 때문에 프로젝트관리보다 공조직 특유의 경상업무가 중심일 수밖에 없는 한계가 있었다. 하지만 건설기간 중에는 경상업무보다 더 중시해야 할 업무는 프로젝트 관리이기 때문에 경상업무에 집중하면서도 카운트파트의 도움으로 프로젝트 현황을 실시간으로 파악 할 수 있도록 했다. IPMO 운영을 통해 경상업무는 발주자, PM 업무는 PMC가 전담하도록 역할 분담을 하는 절차서를 개발 했다. PMC는 프로젝트 계획 및 관리 역할을 하지만 공기와 투자비에 영향을 미치는 결정권은 발주자 고유 책임과 권한이기 때문에 의사결정을 적기에 할 수 있도록 IPMO 조직 내 주요 포지션별 카운트 파트를 지정하여 'desk by desk' 형태로 자리 배치를 했다.

여덟 번째 성공 요소는 국제허브공항의 홍보와 마켓팅 강화 전략이다. 먼저 인지도 높은 국제항공사를 유치하는 전략이다. 공사가 본격적으로 착수되는 시기에 PMC 내 국제홍보 및 마켓팅팀을 설치했다. 인천국제공항의 지리적 장점과 시스템의 완벽성을 알리는 홍보 프로그램을 개발하여 지명도가 높은 항공사의 국제마켓팅 부서에 수시로 알렸다. 어떤 일이 있어도 개항일은 반드시 지키겠다는 약속도 했다. 취항을 약속한 국제항공사 명부를 작성하여 공기 준수를 위한 예산배정과 개항에 필요한 각종 인 · 허가 기간을 합리적으로 지켜 줄 수 있는 공기 관리의 마일스톤으로 활용했다. 이 때 개항일 지연 시 취항을 약속한 외국사에 페널티를 지불해야 하는 위험성을 수시로 강조했다. 이 전략은 공기 준수에 큰 힘이 되었다. 또한, 영종도 주민의 사업참여라는 공동체 인식을 갖도록 건설현장에 대규모 첨단 홍보관을 건설하기로 했다. 설치된 대형모니터를 통해 개항 이후 모습을 수시로 보여줬다. 그리고 건설과정도 편집하여 보여줬다. 방문객들에게는 출국심사를 상징하는 통관 증명서를 사진과 함께 발급하여 목에 걸어줬다. 이 소식이 알려지자 지역주민은 물론 전국에서 관광버스로 구경꾼이 모여드는 진 풍경이 연출되기도 했다. 한번 다녀간 방문객이 공항 건설에 든든한 응원군이 되었다.

아홉 번째 성공 요소는 현장 근로자를 위한 생활 인프라 구축전략이다. PMC의 주간사가 국내 원자력발전소 건설현장에서 얻었던 외국인과 발주기관 임직원의 생활인프라 구축 경험을 활용했다. 영종도가 섬이기 때문에 출퇴근에 근로자가 겪는 시간과 불편을 해소하기 위한 건설현장에 생활인프라를 구축하기로 했다. 컨테이너 박스를 이용한 임시 숙소, 당구장과 축구와 족구장, 테니스장을 건설했다. 건설 현장에서 흔히 발생하는 음주와 도박 기회를 차단하기 위해 여가시간을 보낼 수 있도록 운동 시설을 대폭적으로 건설한 것이다. 실내 골프장의 경우 당시 사치스럽다는 외부의 시선을 고려하여 공공기관 주도가 아닌 민간이 주도하도록 배려했다. 운동시설을 공급한 배경에는 또 다른 목적이 숨겨져 있었다. 체육활동을 통해 발주기관, PMC, 사업참여자들의 스킨십을 유도하여 조직 문화와 팀웍이 자연스럽게 조성되도록 하기 위함이다. 프로젝트 완공에 대한 공동의 목표를 위해 일사 분란하게 움직이는 팀웍이 절대적으로 필요했기 때문에 세웠던 전략이었다.

열 번째 성공 요소는 공단 조직을 '인천국제공항공사'로 영구 조직 형태로 전환시키는 전략이다. 공조직 특성상 경상업무 집중과 순환보직에 의한 오너십 미비로 의사결정을 기피하는 병목 현상이 다반사로 일어난다. 특히 특별법에 의해 한시적으로 설립된 공단은 개항과 동시에 조직이 해체되어야 하는 상황이었다. 개항 이후는 한국공항공단(현 한국공항공사)이 인수하기로 되어 있었다. 신공항건설공단 소속 임직원의 직장이 보장되지 않았기 때문에 일자리 유지를 위해서는 공기를 지연시켜야 했고, 프로젝트 성공을 위해서는 공기를 준수해야 되면서 조직과 프로젝트의 목표에 이해 충돌이 발생한 것이다. 발주기관 소속 임직원들에게 직장과 직업의 안정성을 보장해야 프로젝트 목표를 달성할 수 있다는 판단하여 공단에서 공사로 정부조직법을 변경한 전략은 프로젝트 성공에 큰 보탬이 됐다.

성공한 프로젝트 사례 4 : 영광원자력 3 · 4호기 프로젝트[38 39 40]

1995년 3월 한국 최초로 국내산업체가 주도했던 영광원자력발전소 3호기(지금의 한빛3호기)가 상업가동에 돌입했다. 영광원전 3호기의 성공적 가동으로 전 세계 원전산업계에 한국의 원전기술 수준이 독자 수행 대열에 올랐음을 실적으로 보여 준 사례다. 영광원전 3호기의 용량은 1,000MWe로 당시로써는 국내 최대 발전소였다. 한국전력거래소 통계[41]에 따르면 국내 가정의 월 평균 전력소비는 300Kwh다. 당시 한빛3호기 용량은 250만 가구가 사용 할 수 있는 엄청난 규모였다. 2015년 12월 사단법인 한국원자력산업회의는 원전기술자립계획의 최종 평가에서 국내 원전기술이 미국 대비 95% 수준에 도달했다는 결론을 내렸다. 국내 산업체가 주도했던 영광원전3호기 프로젝트에는 두 가지 목표가 있었다. 성공적인 상업가동과 독자적으로 건설 및 운영 할 수 있는 기술자립이었다. 대다수의 국민들은 원전기술 자립 계획 및 목표를 인지하지 못했지만 두가지 목표가 1995년에 동시에 달성되었다. 국내는 물론 세계 원전 산업계가 조심스럽게 지켜봤던 한국 주도의 최초 원자력발전소가 성공적으로 상업가동에 돌입하자 국내는 환호했지만 경쟁국의 원전산업계는 경계하기 시작했다. 자국의 기술을 보호하기 위해서 한국에 개방했던 원전기술을 완전히 차단하는 조짐이 보이기 시작했다. 2009년 12월 한국기술이 최초로 아부다비원전건설 협약을 체결하는 성과로 이어졌다. 누구도 장담하지 못했던 원전건설 프로젝트가 성공한 배경에는 일반

38. ㈜한국전력기술(2016), 한국전력기술 40년사(열정, 성실, 도전의 위대한 여정)
39. Sargent & Lundy(1991), Korea Power Engineering Company Evaluation Report (SL-4672)
40. 한국원자력산업회의(1991), 원전건설 기술자집 추진실적 평가(요약보고서)
41. 한국전력거래소(www.kpx.or.kr)의 전력통계정보시스템(EPSIS)

국민에게는 잘 알려지지 않은 감춰진 이유가 있었다.

국내 산업체 주도 최초 원전건설 프로젝트에 일반 국민에게는 잘 알려지지 않았던 리스크가 있었다. 이 원전 리스크를 돌파하지 않고 기피했었다면 국내 원전 프로젝트는 물론 기술자립 목표를 달성하지 못했을 것으로 판단된다.

첫 번째 리스크는 산업체의 기술 수준과 검증된 기술 부족, 그리고 무엇보다 독자적으로 추진한 경험이 전무함에 따라 관계기관은 물론 외국 파트너사로부터 강한 의구심을 품고 있었다. 발주기관인 한국전력공사(현 ㈜한국수력원자력)와 산업부, 과기부조차 성공을 확신하지 못했다. 의구심이 프로젝트 추진과정에 상당한 장벽으로 작용하게 될 것으로 예상됐다.

두 번째 리스크는 원전건설 및 인 · 허가 관련 국내법과 제도, 그리고 기술표준 미비였다. 영광원전 3호기 이전에 건설된 10호기는 미국, 캐나다, 그리고 프랑스의 기준과 규격을 따랐다. 3국의 제도와 기준, 규정에 차이가 있었고, 국내 독자 건설 및 인 · 허가 제도가 미비하여 공기와 비용에 큰 영향을 미칠 것으로 예상했다. 정부가 수립했던 자재 및 기자재 국산화율을 맞춰야 했기 때문에 국내에서 제작했지만, 미국 기준에 맞추기 위해서는 국내에서 제작한 기자재를 미국 인증기관에서 검증 실험을 받아야 했다.

세 번째 리스크는 산업체의 공급망 부족 문제였다. 10호기까지 건설되는 과정에 극소수의 국내 산업체만이 참여했기 때문에 각종 기자재 제작과 공급, 시공 및 시운전에 대한 역량을 갖춘 산업체를 확보하는 데 한계가 있을 것으로 예상했다. 당시 정부가 수립했던 국산화 정책에 제시된 양적 목표를 만족시키지 못할 것으로 예측했다. 원전 건설 프로젝트가 요구하는 기술 수준과 정확성, 그리고 품질과 성능에 대한 국제기준 만족도에 대한 확신이 부족하여 특단의 대책을 수립하지 않을 경우 공기 지연과 함께 비용 증가를 피할 수 없는 상황이었다.

네 번째 리스크는 건설현장 근로자의 양적 및 질적 수급 문제였다. '86 아시안게임과 '88 서울올림픽, 그리고 정부의 200만호 주택공급 정책 등으로 국내 건설시장이 역사 이래 최대 활황기에 돌입했던 '89년 12월 구조물 공사에 돌입했어야 했다. 원전 건설현장의 경우 최대 11,000명의 근로자 투입이 예상됐지만 내수시장 활황으로 건설근로자 부족 문제가 심각했던 시기에 만명 이상의 숙련근로자를 투입하기란 거의 불가능에 가깝다는 예측을 했다. 프로젝트 기획 및 관리를 주도했던 팀과 발주기관의 사업책임자 외에는 이 문제의 심각성을 인지하지 못했다. 심지어 시공계약자까지 기능 인력의 양적 및 질적 수급 문제의 심각성을 제대로 인지하지 못했던 것으로 나중에 확인됐다.

다섯 번째 리스크는 공기 지연이 미칠 전력 수급 차질 문제였다. 1982년에는 착수 될 것으로 계획했던 프로젝트 착수가 4년이나 지연된 1986년도에 본 계약이 체결되기 시작했다. 국내 전력수급계획에 빨간 불이 켜졌었다. 한전과 산업부(당시 동력자원부)는 1992년 8월 10일 경에 전력예비율이 7% 내외로 떨어질 것으로 예측했다. 두 자리 예비율을 지켜야 안심이 되는 상황에서 한자리, 그것도 7% 내외라는 것은 엄청난 리스크였다. 이미 착수가 4년이나 늦어졌기 때문에 추가 지연이 발생 할 경우 국내 전력수급에 상당한 차질이 발생할 수밖에 없을 것이라는 불길한 예측이었다. 국내 첫 주도 원전 프로젝트를 공기 내 준공이 가능한지에 대한 확신이 없었다. 공기 지연 리스크에 정면으로 대응하지 못하면 국내 산업 전체는 물론 일반 가정의 수요까지 영향을 미칠 수 있는 리스크였다.

여섯 번째 리스크는 경험 및 기술부족으로 인해 발생하는 정부와 산업계, 그리고 일반 국민으로부터의 신뢰성 부족 문제였다. 검증된 실적과 경험이 부족한 국내 산업체가 주도하는 것에 대한 회의론이 팽배했었다. 국내 산업체 주도 자체가 큰 리스크로 부각됐었다. 단지 용기만으로 추진하기에는 큰 부담이 있었던 것은 사실이다. 신뢰성 부족 문제는 고급기술을 필요로하는 엔지니어링 분석과 기자재 제작에 대한 발주기관 및 인、허가 당국의 확신 없는 승인 절차가 예상외로 길어질 수 있다는 예측을 했었다. 인、허가 및 승인권자의 리스크를 고려하지 않을 수 없었다. 원전은 고도의 안전성과 신뢰성, 그리고 정밀성을 요구하기 때문에 경험으로 검증되지 않은 기술을 선불리 받아들이기가 어려웠다.

일곱 번째 리스크는 기술자립의 실체와 목표가 불확실함으로 인해 발생 가능한 파급 영향이었다. 한국보다 50년 이상 앞섰던 미국 원전 기술을 10년 만에 따라 잡겠다는 정부의 목표가 너무 무리수라는 비판이 많았었다. 기술자립의 목표로 얻을 수 있는 것보다 잃을 수 있는 것이 더 많을 수 있다는 주장도 있었다. 기술자립이 외국기술자를 국내기술자로 대체하는 것이 최종 목표이냐에 대한 논란이 끊임없이 제기되었다. 기자재의 기술자립은 국산화였는데 무리한 국산화로 성능과 품질이 보장되지 않고 예산만 증가하는 부작용을 주장하는 그룹도 있었다.

하지만 이러한 리스크로 인해 누구도 성공을 확신하지 못했던 국내 산업체 주도 첫 원전 프로젝트는 성공적이었다. 흔한 뒷골목 말로 '무식하면 용감하다'로 우연히 성공했던 것일까? 1986년 기준가로 1호기당 2조 원이 넘는 예산과 고도의 안전성과 신뢰성을 요구하는 원전을 단순히 용기만으로 배팅하지는 않았다. 성공 요소에는 다음과 같은 여덟 가지의 전략 및 기술이 숨겨져 있었다.

첫 번째 성공 요소는 '계획, 계획 또 계획, 그리고 도상 훈련과 시뮬레이션'을 들 수 있다. 프로젝트 책임자와 프로젝트 조직은 성공시키기에 국내 산업체에 무엇이 부족한 것인지를 파악하고 있었다. '82년 후속 원전 발주예정에 맞춰 준비하고 있었던 계획을 중단하지 않고 지속적으로 준비에 준비를 거듭했다. 수립한 계획을 실행에 옮겼을 경우를 가정하여 정확성과 예상되는 돌발변수에 대한 대응책을 '도상 훈련'이라는 명칭으로 끊임없이 시뮬레이션을 반복하면서 계획의 완성도를 높여갔다. 국내 자체 수준으로는 기간 내 수행이 어렵거나 불확실한 기술에 대한 전략도 수립했다. 발주에 대한 시뮬레이션, 그리고 부문별 국제 및 국내 입찰 패키지 설계도 수십차례 반복했다. 그리고 이러한 계획과 전략을 머리가 아닌 실제 문서로 가시화시켰다. 가시화 목적은 주요 포지션에 있는 책임자와 공유하기 위해서였다. 기술이나 정보의 유출을 경계하면서도 문서 공유를 프로젝트 성공의 필수적 요소로 판단했다.

두 번째 성공 요소는 산업체의 기술과 경험 부족에 대한 대응 전략 및 계획이었다. 엔지니어링 기술 및 경험 부족 문제는 단기간 내 해결하기 어렵다는 결론을 내렸다. 기술과 프로젝트 관리 집행 방식을 변경시키는 전략을 수립했다. 기술은 예비 및 기본설계와 본 설계로 나눴다. 예비 및 기본설계의 주도는 100년 이상의 발전엔지니어링 실적을 가진 외국사가 주도하도록 했고, 본 설계는 국내사가 주도하고 외국사는 검증 및 자문 역할을 하는 구조로 변경 했다. 물론 외국 파트너사의 반발이 심했다. 그러나 최종 성과물에 대한 책임을 국내사가 진다는 계약적인 약속을 함으로써 해결했다. 프로젝트 관리는 처음부터 국내사 주도로 했다. 연기되었던 4년 동안 집중적인 교육 및 훈련, 그리고 원전건설 관련 선진업체들의 프로젝트관리 조직과 시스템을 벤치마킹했다. 선진업체들 대부분이 엔지니어링과 시공, 그리고 구매와 시운전 등의 운영은 통합하고, 시스템은 독립적임을 확인했다. 당시에는 겉으로는 통합시스템으로 포장돼 있었지만 전산시스템과 프로그램은 독립적으로 운영되고 있음을 확인했다. 당시에는 데이터를 통합할 수 있는 S/W 기술자체가 부족했기 때문이다. 국내에서는 프로젝트 관리는 완전 통합을 목표로 하는 전략을 수립했다. 전략의 성공을 위해 다양한 시나리오를 가상하여 끊임없이 시뮬레이션을 반복했다. 국내사 주도에 대해 외국 파트너사의 반대가 있었지만 통합시스템 개발로 설득했다. 그리고 프로젝트 고유의 관리시스템 구축 및 운영이 가능하도록 공공기관인 한전의 내규까지 수정했었다.

세 번째 성공 요소는 법과 제도, 기준과 규격 미비를 돌파하기 위한 수단으로 미국의 규정(인·허가는 미국원자력규제위원회 NRC, 기술 기준과 표준은 미국기계 및 재료학회인 ASME와 ASTM, 기자재 성능 검증

시험은 미국의 UR 등)을 그대로 따르기로 했다. 미국 규정에 따르면서 프로젝트 수행을 통해 국내 규정을 완성해가는 전략을 수립했다. 미국의 규정을 철저하게 따른다는 신뢰성을 주기 위해 모든 기술문서(도면과 시방서, 보고서 등)를 영문 사용을 원칙으로 했다. 영문을 사용한 목적에는 기술 자립 후 해외시장에 진출할 때를 대비하자는 전략도 숨겨져 있었다. 미국 규정과 문서의 영문화로 불필요한 외부기관의 간섭을 줄 일 수 있는 부대 효과도 기대했었다.

네 번째 성공 요소는 산업체 및 공급망(SCM) 수준 미비를 체계적으로 대응한 것이다. 원자력 기술에 대한 기술과 경험이 있었던 소수 그룹이 가진 노하우를 독점하지 않고 이를 산업체와 공유하는 이른바, 'spill over' 작전을 펼쳤다. 원전기술을 울타리안에 가두지 않고 산업체와 적극적으로 공유했다. 제작공장에 지식과 경험을 갖춘 기술자를 파견하여 기술지도 및 검증하는 절차를 따랐다. 제작사에게는 미국의 UR 인증을 받는 방법과 절차까지 지원했다. 국내 산업체의 기술개발 의지를 돕기 위해 가격은 미국산보다 15%까지 높게 지불 할 수 있다는 것과 함께 기술의 우수성을 유지 할 경우 후속 원전 프로젝트에 기회가 주어지는 기대를 확신시키기 위해 국내 최초로 '입찰유자격명부제'를 개발하기 까지 했다. 시장 보장을 통해 민간산업체의 기술개발 및 유지에 대한 기대를 확인시키기 위해서 였다.

다섯 번째 성공 요소는 현장 근로자 수급 문제 해결 방법이다. PMC 역할이 포함된 종합엔지니어링 계약에서 엔지니어링 프로젝트관리(EPM)와 종합프로젝트관리(PCS)팀 역할을 분리했다. PCS팀은 발주기관의 사업책임자 위치에서 프로젝트 전체를 관리하는 공항의 관제탑 역할을 하기로 했다. 외부에 공개되지 않았지만 종합공정표(IPS) 개발 당시 시공 업무량을 최대한 분산시키도록 작업 순서를 수차례 조정했다. IPS 내 주요 activity에 인적자원을 할당하여 시간대별 최대 수요가 8천 명을 넘기지 않도록 작업 순서와 일정을 조정했다. 또한 건설현장에서 재시공이 발생하지 않도록 세부적인 작업계획까지 수립했다. 재시공으로 인한 공기 지연은 물론 원·하도급자 간 분쟁을 예방하기 위해서였다. 공정계획 수립 당시 예상했던 주요 공종(예, 콘크리트, 철근, 배관 등)별 생산성을 실측하여 필요한 조처를 취하기로 했다. 공사 수행 중에도 모니터링한 결과를 수시로 반영 할 수 있도록 CPM기법을 공정관리에 도입했다. 양적 문제 해결에는 가능성이 보였지만 질적 수급 문제는 여전히 난제였다. 이를 해결하는 수단으로 현장 내에서 배관공, 용접공 및 전기공 등 숙련도와 완성도가 필요한 직종을 양성 할 수 있는 체계를 갖추기로 했다. 훈련 및 실무과정을 거쳐 미국 규정에 있는 자격증을 발급하기도 했다. 자격증 취득자에게는 사용주가 그만한 대가를 지불했기 때문에 질적 수급 문제를 해결 할 수 있었다.

여섯 번째 성공 요소로 정해진 공기를 맞추기 위한 전략과 완벽한 PMS 구축이다. 공기 지연을 방지하기 위해 11개의 마일스톤을 공정계획 및 공정표 개발의 버팀목으로 활용했다. 단계별로 설정된 마일스톤을 맞추기 위해 모든 프로젝트 참여자가 집중하도록 하여 마일스톤 지연이 곧 공기 지연으로 인식하도록 하는 전략을 수립했다. 공정관리를 체계적으로 하기 위해 공정표의 수직적인 레벨(6단계)을 정립하고 계획 및 실행의 우선순위, 그리고 실적 파악의 우선순위를 명확하게 했다. 프로젝트 참여자 모두가 공정관리체계를 따르도록 공정관리 절차서 준수를 계약적으로 구속시켰다. IPS개발 당시 사업책임자와 PMC책임자만이 알 수 있게 여유 공기, 즉 공기지연 예방 쿠션을 두기로 했다. 만약 공기 지연이 발생하더라도 숨겨 놓은 여유 공기를 통해 해결 할 수 있도록 했다. 다행히 예정된 공기 지연이 발생되지 않아 숨겨 놓은 여유 공기만큼 전체 공기를 단축하는 효과를 거뒀다. 공정관리는 공정표 개발이나 현황 파악보다 예측에 중점을 뒀다. 월간진도보고서나 사업회의 시 항상 월간 단위로 준수해야 할 주요 activity를 명시했다. 공기지연 방지는 만회보다 예방에 있다는 확신을 가졌기 때문이다.

일곱 번째 성공 요소는 모든 사업참여자에게 사업의 목표와 현황을 공유하는 전략 이다. 국내 산업체 주도에 대한 신뢰성 부족 문제를 해결하기 위한 전략 중 일부였다. 국내사가 주도하여 개발한 종합사업관리시스템(PMS)의 프로젝트 내 위상을 확보하는 데 많은 힘을 쏟았다. 공정표 개발은 물론 프로젝트 정보관리시스템 개발에 실무경험이 풍부한 기술자들을 대거 투입했다. PMS 개발을 주도했던 PCS팀 내 직원 전부가 구조와 전기, 기계와 원자력, 전기와 전자 등 기술자들로 구성됐다. 계획 수립을 위해 생산된 주요 도면 전체를 암기하는 수준까지 끌어 올렸다. 기술부서 및 산업체 등에서 이의를 제기 할 경우 완벽한 논리로 대응하기 위해서였다. 또한 프로젝트 관련 회의(당시 회의는 주간, 월간, 3개월, 6개월 단위로 개최)시 모든 데이터는 구축된 PMS를 기준(baseline)으로 했다. 개발 초기에 미비한 점이 발견되었어도 수정 혹은 보완 절차를 통해 PMS의 완성도를 높여가는 전략이었다. 모든 회의 아젠다가 PMS를 통해 도출되고 관리되도록 절차서를 운영했다.

여덟 번째 성공 요소는 기술자립 목표 달성을 위한 전략 및 계획이다. 기술자립 목표를 달성할 수 있었던 배경에는 '복제-실습-보강-독자수행' 전략이 숨겨져 있었다. 원전 기술자립을 위한 엔지니어링 및 프로젝트관리에 무엇이 어떤 수준으로 필요한지를 착수가 지연된 4년 동안 충분히 확인할 수 있었다. 독자적인 고유 혹은 원천기술 개발은 기술자립 목표에서 후순위에 뒀다. 기술자립을 위해 '실행조직과 기술개발 조직'을 동시에 가동했다. 주요 기술 부문에는 실제 결과물을 생산하는 기술자와 이를 복기하면서 '개선 혹은 보강'하는 실습 기술자를 배치했다. 당해 프로젝트에서는 이 방식을 'OJP(on-the job-participation)' 으로 통칭했다. 영광원전 3호기 준공과 더불어 후속 원전에서는 실습 기술자가 주도 할 수 있는 역량을 구축하는 전략을 구사했다. 국내에서 1개 팀이 아닌 복수의 팀이 원전건설을 주도 할 수 있는 역량을 확보하기 위한 전략이었다. 영광원전 3호기 성공이 기술자립 목표 달성으로 이어지도록 한 것이다. 결과적으로 이 전략이 목표를 달성하는 데 결정적인 기여를 했다는 평가다.

프로젝트가 성공한 이유

앞서 알아본 성공 사례에서 공통적으로 지목되는 성공요소는 다음과 같다.

첫 번째, 발주기관 및 발주자의 확실한 오너십과 강력한 리더십이다.

두 번째, 발주기관 자체 조직의 경험과 지식, 그리고 인적자원의 역량 한계를 스스로 인정했다는 점이다. 조직 내에서 독자적으로 프로젝트관리를 하기에는 역부족이라는 사실을 명확하게 인지했다.

세 번째, 공공기관의 경우 경상업무와 프로젝트 업무를 구분하여 프로젝트관리 업무는 외부 전문기관(PMC)에 일부를 위탁하여 수행했다는 점이다.

네 번째, 프로젝트의 목표를 프로젝트 참여자 모두에게 공유시켜 목표달성을 위한 조직문화 혹은 팀워크를 유도했다는 점이다.

프로젝트 성공 사례에 PM의 전문지식과 경험, 전문인력 등을 포함시키지 않는 이유는 프로젝트관리를 위해서는 당연히 갖춰야 할 기반 기술이기 때문이다. 하지만 실패하는 대부분의 프로젝트는 기술이나 프로젝트관리 전문성의 부족 때문이 아니라 프로젝트 환경과 리스크에 대한 분석과 대응전략 수립, 그리고 프로젝트에 대한 오너십과 리더십 부족 때문이다. 프로젝트 내외부 환경 분석, 그리고 예상되는 리스크와 변수 등에 대한 치밀한 사전 분석 및 대응 전략을 수립했다는 것이다. 이 전략이 수립되지 않으면 기술은 물론 프로젝트관리 기술 자체가 구사 될 기회 조차도 없다는 것이 경험적 판단이다. 눈에 보이지 않고 교과서에도 나타나지 않는 업무지만 프로젝트 성공에 결정적인 영향을 미치는 것은 틀림없는 사실이다.

한 번의 성공이 다음 프로젝트의 성공을 보장하지 못한다. 프로젝트의 특성이 비반복·비복제이며 프로젝트의 위치가 지형과 자연환경, 그리고 법과 제도 등에 영향을 받기 때문이다. 프로젝트마다 고유 특성과 속성을 가지고 있다. 프로젝트를 성공시키기 위해서는 수요 맞춤형으로 갈 수 밖에 없다. 특정인이나 조직의 독단적인 주도는 객관성과 투명성, 그리고 시스템 기반의 데이터가 뒷받침되지 않기 때문에 프로젝트 성공에 걸림돌로 작용 할 가능성이 높다. 프로젝트의 개수만큼 PMS가 다른 것도 이런 이유 때문이다. 이처럼 PMS는 프로젝트별로 달라져야 하기 때문에 복제하여 반복 사용할 수 없다는 속성을 무시하지 말아야 한다. 그리고 일반적으로 국내에서 가장 무시되는 부문이 프로젝트가 본격 착수되기 이전 필수과정인 '전략 및 기획(strategy and plan)'이라는 사실을 모르고 지나가는 것이다. 선진국일수록, 성공하는 프로젝트일수록 이 과정을 중시하는 이유가 프로젝트 성공과 실패에 결정적인 영향을 미치기 때문이다. 국내에서 흔히 현장소장이 현장공사의 성공과 실패를 좌우한다는 주장에 공감하고 있다. 그런데 현장소장의 기술이나 프로젝트관리 역량에 대한 논의는 거의 이뤄지지 않아 왔다. 이유는 기술과 프로젝트관리 기술이 현장 건설공사의 성공과 실패를 결정짓는 요소가 아니라는 사실을 알고 있기 때문이다. 현장소장의 역량이 뛰어날수록 전략 및 기획을 중시한다는 사실이 간과되고 있다.

제4차 산업혁명, 인공지능, 스마트기술, AR/VR, BIM 등 다양한 기술이 급속도로 확산되고 있다. 아날로그 시대에서 디지털 시대로 빠르게 전환되고 있다. 최근에는 메타버스(metaverse)라는 새로운 가상세계가 화두로 부상하기 시작했다. 새로운 기술이 정착되기도 전에 또 다른 기술이 등장하는 것이다. 국제적인 지명도를 가진 선진국의 한 컨설팅기관[42]이 디지털건설 시대에 새롭게 부상하는 8개 직업군을 선정했다. PM 직업군을 4순위에 올려놨다. 기술과 프로세스가 변하고 새로운 기술과

42. Oliver Wyman(2018), Digitalization of the Construction Industry : The Revolution is Underway, MARSH &McLENNAN COMPANIES

기술이 융합되어도 이를 어떻게 활용하고 프로젝트 맞춤형 전략 수립을 하는 주체는 사람이기 때문으로 해석된다. 하루가 다르게 등장하는 신기술에 프로젝트 성공의 해결사 역할을 기대 할 수 없다. 프로젝트에 따라 어떤 전략과 기획이 필요한지, 그리고 이에 대한 이행 프로그램은 결국 전문가 집단의 몫이기 때문이다. 프로젝트의 성공과 실패는 결국 사람에 의해 결정된다는 것이다.

11

PM 서비스 수요자와 공급자에게 주는 메시지

'10-10' 메가 인프라 개발 프로젝트 관제탑에는
공공시행기관, PM, PMC 서로 다른 3개 조직이 있다.
이들이 서로 다른 길을 갈 수는 없다.
메가 프로젝트가 목표를 향해 가는 길은 하나다.
3개 조직은 서로 다른 역할과 책임이 있다.
한쪽이 무너지면 다른 한쪽도 무너지게 되어있다.
코로나 팬데믹이 각자도생의 길로 몰아가지만
관제탑 내 3개 조직이 3인 4각으로 가야 한다.
혼자 나는 기러기보다 함께 나는 기러기가 더 멀리 난다.

프로젝트 중심의 조직과 역할이 필요한 이유

행정중심복합도시건설청이나 새만금개발청은 특별법에 의해 설립된 공공기관이다. 국가기관 혹은 공공기관은 기본적으로 경상조직이다. 경상조직은 시작은 있으나 끝이 없는 경상업무가 중심이다. 보편적으로 경상조직은 직급과 직위 중심의 수직체계인 피라미드 구조다. 반복되는 기능과 역할 중심의 불변조직이다. 행정중심복합도시나 새만금개발사업도 프로젝트 완성을 위해 특별법이 제정되었고, 최근 부산 가덕도신국제공항건설도 정부와 여당이 특별법까지 제정하여 강력하게 추진하고 있다. 특별법 자체가 개발 목적을 위해 제정된 한시성을 가지고 있어 프로젝트 중심조직으로 볼수도 있지만 기본적으로 국가기관이기 때문에 경상업무 중심조직이다. 그럼에도 불구하고 통상적인 경상조직과는 다르게 프로젝트 중심의 역할과 기능이 강조되어야 한다. 프로젝트 조직이 경상조직과 다른 점은 의사결정 자체가 수평적 협력관계를 중시한다는 점이다. 프로젝트 조직은 직급과 직위 보다 직무 중심으로 운영되는 수평구조다. 수직조직이 가지고 있는 상 · 하 관계로 인해 소요되는 의사결정 과정과 시간을 단축하기 위해서는 'PM+PMS' 체계가 구축되어야 한다.

공공시행기관은 내규에 따라 의사결정을 하기 때문에 절차가 내부조직에 국한된다. 절차와 규정의 영향권이 조직 내부에 머문다. 그러나 프로젝트 조직의 PM으로써의 의사결정은 메가 프로젝트 전체에 영향을 미친다. 시행기관과 PM 조직은 사람 몸에 비유하자면 머리에 해당한다. 공항으로 본다면 규모는 작지만 공항 전체를 움직이는 관제탑 역할을 하는 곳이다. 관제탑이 마비되면 공항 전체가 마비된다. 2%가 98%를 지배하는 구조다. 가장 큰 시설인 여객터미널이 문을 닫아도 항공기 이 ·

착륙은 가능하다. 이미 언급한 바와 같이 공공시행기관은 두 개의 얼굴을 가지고 있다. 공공기관으로서의 역할과 PM 조직으로써의 역할이다. 공공기관으로 설립되면서 두 가지 역할을 동시에 해야 하는 것은 불가피하다. 공공기관의 경상업무와 책임을 면제시키지 않았기 때문이다. 메가 프로젝트 추진에 대한 예외 허용 규정도 없다. 공공기관으로써의 무게 중심 축은 경상업무에 둘 수밖에 없는 한계가 분명히 존재하지만 그럼에도 불구하고 공공시행기관이 PM 역할을 가볍게 볼 수 없다. 이 한계를 극복하기 위해 공공시행기관이 PM 역할 보완 목적으로 외부전문기관인 PMC 서비스 공급자로 고용하는 것이다. 그리고 공공시행기관과 PMC는 서로 다른 조직이지만 관제탑으로서 'one team'으로 운용되어야 한다. one team이 되기 위해서는 역할과 책임을 분명하게 정립해야만 'team work'가 구축된다. 조직 문화 정립이 관제탑 역할을 제대로 할 수 있는지 여부를 좌우하게 된다. 서로 다른 3개의 조직이 단일 조직처럼 움직이기 위해 선진국의 메가 프로젝트에서는 통합사무소(IPMO) 운영 절차서를 개발하여 활용해오고 있다.

수요자인 공공기관에게 주는 메시지

메가 프로젝트와 공공시행기관(발주자)이 요구하는 역할과 책임을 명확하게 제시 할 필요가 있다. 일단 PMC 서비스 공급자를 고용했다면 'one team'의 한 조직으로 생각해야 한다. 메가 인프라 개발 프로젝트의 PM은 발주자인 공공시행기관의 고유 역할이다. PM과 PMC에 대한 오너십을 분명하게 인식해야 한다. PMC 비용을 아끼기 위해 제한된 역할에 대해서만 활용하게 되면 '소탐대실'이 될 위험성이 높다. 해외 메가 프로젝트에서도 계획 당시 편성했던 예산보다 작게는 50%, 많게는 1,600%까지 늘어난 사례[43]가 다수 발견되고 있다. 국내 공공기관의 특성상 감사원의 감사를 의식해 가시적인 성과물(output/deliverable) 생산 중심으로 PMC를 활용하면 비용 낭비로 그칠 가능성이 높다.

PM서비스는 기본적으로 업무 성격 자체가 설계엔지니어링이나 시공과 달리 결과물 없는 서비스(level of effort, task)가 중심이다. 감사원의 감사에 대비하기 위한 목적도 있지만 one team 조직으로 가기 위해서 IPMO 조직 운영 매뉴얼을 개발하여 운용 할 것을 권고한다. IPMO 매뉴얼을 공공기관의 내규에 위상을 정립해 놓으면 임의적 해석이 아닌 'one team'으로써 효과적인 'PM+PMS+PMC' 업무를 수행 할 수 있게 된다. 전통적인 계약에 의한 갑을관계가 아닌 one team의 수평적 관계로 공공기관 스스로 주도하여 IPMO 운영 매뉴얼을 개발하고 운영하는 것이 바람직하다. 미국의 뉴덴버국제공항 건설, 시카고 공항 연결철도 건설 프로젝트가 통합조직 운영 절차서[44]를 개발하여 운영한 사례를 확인했었다.

43. Bent Flyvbjerg (2017), The Oxford Handbook of Megaproject Management, Oxford University (이 책에 제시된 사례 중 일부 인용. 이집트의 수에즈 운하건설에서는 1,900% 증가, 호주 시드니오페라하우스 건설은 1,400%, 미국 뉴덴버국제공항은 200%, 미국 뉴욕의 브로클린 교량 건설은 100%, 덴마크의 동해대교 건설은 50% 등 다수)

44. The City of Chicago Department of Public Works(1990), Joint Venture Procedures for the Southwest Transit Construction Project

서비스 공급자에게 주는 메시지

가장 먼저 파악해야 할 부문이 서비스 발주자이면서 동시에 공공 시행기관의 두 가지 역할이다. 국가기관의 역할과 PM 조직 역할 어느 한 곳도 PMC 서비스 범위와 완전히 별개인 곳은 없다. 비록 계약은 PMC 서비스 공급 계약이지만 책임은 공공 시행기관과 PM 조직의 역할을 보완하는 기능을 할 수밖에 없다. PMS 개발 및 운영을 PMC 서비스 계약적 의무로만 인식할수록 공공 시행기관의 눈에서 멀어진다. 공공 시행기관이 거대 인프라 개발 프로젝트 PM의 주인임을 항상 염두에 두는 게 좋다.

주인에게 PM 교육을 강요하지 말고 또 PM 수준을 평가하려 들지도 말아야 한다. PM 교육을 시키기보다 'PM+PMS' 활용하면 어떤 혜택을 볼 수 있는지 사용 방법을 스스로 깨닫도록 하는 게 가장 확실하고 빠른 방법이다. 발주자는 공공기관이다. 공공기관에 근무하는 임직원은 순환보직 제도에서 벗어날 수 없다. 자리 이동이 되더라도 프로젝트는 일관되게 추진되어야 한다. PM은 연속성이 절대적이기 때문에 순환보직의 약점을 PMC가 보완해 줄 수 있어야 한다. 비록 PMC가 'PM+PMS' 개발을 주도하더라도 주인은 발주자 겸 공공 시행기관이라는 사실은 절대 변하지 않는다. 공공 시행기관의 역할이 PM이라면 PMC의 핵심 역할은 'PCS(project controls service)'임을 잊지 말아야 한다. PM이 정확하고 빠르게 의사결정을 할 수 있도록 데이터기반 정보를 상시적으로 제공하는 체계를 갖추는 게 PCS의 핵심 역할이다. PMC의 PCS 역할은 PM이 제대로 된 의사결정을 적기에 내릴 수 있도록 지원하는 역할이 중심이지 의사결정권까지는 행사하지 못한다. PMC는 PM을 위한 PMS 개발보다 해당 메가 프로젝트 관리에 필요한 PMS 개발에 집중해야 한다. PM 서비스 수요자와 프로젝트가 무엇을 필요로 하는지 상시 파악해야 하는 이유이기도 하다. 이 기능을 체계적으로 수행하려면 수요자 니즈에 앞서가는 역량 구축이 전제되어야 한다. one team에 대한 보상은 발주자가 필요성을 느낄수록 비례적으로 늘어나게 되어 있다.

끝 말

이스라엘 건국의 아버지로 불리는
故 시몬 페데레스 대통령은
평소 '작은 꿈을 위한 방은 없다'라고 주장했다.

초대형 인프라 개발은 상상하는 꿈을 현실화시켜 가는
대한민국의 메가 프로젝트다.

2030년이면 한국이 또다시 한강의 기적을 넘어서는
신화를 창조했다고 부러워 할 것이다.

PM은 이론에 따라 구축된 학문적인 기술보다 실전을 통해 자연스럽고 체계적으로 정립된 실용적 기획 및 관리기술과 전문지식(planning & management technology & expert knowledge)이다. 프로젝트와 PM을 절대 따로 떼어 놓을 수 없다. 프로젝트 없는 PM이 없지만 PM 없는 프로젝트도 없다. 프로젝트 규모가 크든 작든 상관없이 발주자가 있듯이 PM도 존재한다. 프로젝트 크기와 특성 등 관리 대상에 따라 PM 접근방식과 범위, 시스템 구축이 달라 질 뿐이다. 전 세계에 상용으로 거래되는 PMS가 없는 이유는 정답이 없기 때문이다. 1천 개의 개발 프로젝트가 있다면 1천 개의 'PM+PMS'가 존재한다. 개별 메가 프로젝트의 규모와 특성에 맞는'PM+PMS'를 구축해가야 한다. 프로젝트 맞춤형 PMS 개발에 IT전문기관이 주도하는 데 한계가 있는 것도 이런 이유 때문이다.

작게는 수 조원 많게는 수십 조원이 투자되는 거대 인프라 개발 메가 프로젝트는 전쟁터와 같은 실전으로 임해야 성공시킬 수 있다. 메가 인프라 개발 프로젝트 성공을 위한 'PM+PMS' 구축을 교과서 이론을 기반으로 접근할수록 실패 할 가능성이 높다는 것은 필자의 경험에서 얻은 지식이다. 영국의 옥스퍼드 대학이 2017년에 메가 프로젝트관리 교과서를 만드는 데 45명의 전문가를 동원했던 것도 실전 경험과 지식이 필요했기 때문일 것이다. PMC는 메가 프로젝트와 시행기관이 무엇을 필요로 하는지, 필요성을 어떻게 충족시킬 수 있는지를 파악하는 데 최우선 순위를 둬야 한다. 거대 인프라 개발 메가 프로젝트 'PM+PMS'에서 PMC가 전면에 나서지 않는 것이 바람직하다. 비록 PMC가 'PM+PMS' 개발 중심에 있다고 하더라도 공공시행기관의 그림자 서비스에 무게 중심을 두는 게 좋다. 발주기관, 특히 공공발주기관의 PM 역량 충분·불충분을 PMC 서비스 공급자와 절대 비교하지 않는 것이 좋다. 프로젝트와 발주기관은 이미 어떤 서비스를 받아야 하는지를 알고 있다. 메가 프로젝트와 발주기관의 요구 및 수요를 철저하게 파악하고 분석, 그리고 어떻게 요건을 충족시킬 것인지는 PMC의 고유 역할과 책임임을 항상 기억해야 한다. 발주자에게 백지를 내밀면서 요구를 채워달라기보다 PMC의 전략 및 계획을 담은 'PM+PMS' 구축 방안을 문서로 보여주는 게 바람직하다. 공공시행기관이 도움이 필요한 PM 서비스 범위와 수준을 선택하는데 도움이 되기 때문이다. 발주기관, 특히 공공시행기관의 경우 자체 조직의 역량 부족을 절대 인정하려 들지 않는 특성이 있다. PM 전문지식과 경험이 없는 상태에서 자신의 역량 부족을 인정하기란 쉽지 않기 때문이기도 하다.

초대형 거대 프로젝트인 새만금개발이나 가덕도 신국제공항개발 프로젝트는 지금까지 우리가 거의 경험해 보지 않은 불확실성을 가지고 있다. 그 만큼 외생변수가 지배한다는 뜻이다. 외생변수가 미치는 범위는 3축 모두에 해당하는 정책·제도, 기술 및 전략이다. 프로젝트 규모가 커질수록 더 큰 영향이 불가피하게 발생한다. 전략에 속하는 'PM+PMS+PMC'는 프로젝트 조직에서 지배해야 할 내생변수의 3축으로 인식하고 접근하는 태도가 바람직하다. 가덕도신국제공항이나 새만금개발과 같은 메가 인프라개발 프로젝트는 한국경제 성공과 성장을 상징하는 '한강의 기적'에 버금가는 초대형 메가 프로젝트다. 전 세계인이 주목하는 프로젝트이기도 하다. 거대 인프라 개발 프로젝트의 성공은 대한민국의 또 다른 랜드마크를 탄생시키게 될 것이다. 기적 없는 신화는 없다. 신화는 기적이 없어도 한국인의 특유한 도전 정신으로 만들어 낼 수 있다. 'PM+PMS+PMC'가 세계를 감동시킬 한국의 또 다른 신화 창조를 주도했다는 평가를 후대가 할 수 있다는 확신이 필요하다. 메가 인프라 개발 프로젝트의 'PM+PMS' 패키지 자체가 한국의 또 다른 글로벌 시장의 브랜드 상품으로 부상될 수 있는 효과를 덤으로 얻게 될 것이다.

나라와 국토를 잃어버렸던 이스라엘은 버려진 사막 황무지에서 나라를 세우는 신화를 창조했다. 모두가 쓸모없다고 버린 땅, 사막을 가장 강력한 국토로 만든 것은 인류 역사에서 하나의 기적으로 기록될 만한 신화다. 우리가 즐겨먹는 방울토마토가 이스라엘이 세운 황무지 사막에서 개발되었다는 사실을 아는 사람은 별로 없다. 불가능을 가능으로 둔갑시킬 수 있었던 것은 확신을 가지고 리더십을 발휘한 故 시몬 페데레스가 있었기 때문에 가능했다. 전 세계에 흩어져 있는 유대인은 1천3백여만명이지만 지금의 이스라엘 국가를 건국한 신화 창조는 시몬 페데레스 중심의 극소수 인력이 주도했었다. 바다를 메워 만들어진 황무지에 새만금개발이나 바다를 메워 새로운 국제허브공항 개발 프로젝트가 대한민국의 새로운 신화가 되지 말라는 법은 어디에도 없다.

에필로그

대학 강의 시 종강 때마다 학생들에게 반복적으로 설명했던 말이 다시 떠오른다. '나의 마지막 직업은 아마도 시나리오 개발일 것이다'였다. 필자가 경험했던 메가 프로젝트의 PM 전략 수립이나 PM과 PMS 개발과 운영을 통해 터득한 진리는 '선 목표, 후 계획'이었다. 계획의 첫 출발은 언제나 최종 목적지가 어디인지, 최종 성과물은 무엇인지를 확인하는 데 있다. 즉, 끝의 시작으로부터 출발했다. 계획의 출발점은 언제나 최종 목적지였지만 경로 설계는 당연히 목적지 도달을 위해 가야 할 길, 반드시 거쳐 가야 할 길이 무엇인지, 최단보다 최적, 최소 비용보다 최적 비용을 찾아내는 것이 계획(plan) 수립 과정이었다. 최적 조건은 찾아내기보다 만들어 내는 것이라 믿었고 아직도 확신하고 있다. 최적의 길을 만들어 내기 위해서 다양한 시나리오를 가정했다. 다양한 시나리오를 가정하는 습관은 'what if(만약)'에서 생겨났다. 최적의 길을 만들어 내는 과정이 몸에 밴 습관이 전략적 사고와 선택이었다. 경로 설계 과정에서 선배들이 경험했던 경로는 참고는 했지만 답습은 하지 않으려고 노력했다. 계획 수립 이전에 상당한 시간을 전략 짜기에 필요한 에너지를 쏟아 부었다. 제3자 눈에는 성과 없는 시간 낭비로 비춰 질 수 있지만 최적의 길을 만들어 내기 위해서는 필요한 과정으로 생각했다. 이런 습관 때문에 때로는 주위와 마찰이 일기도 했다. 결과물 작성보다 시간을 너무 많이 낭비한다는 비난을 받기도 했다.

필자는 지금도 여전히 남이 가지 않는 길을 만들어 내는 데 몰두하고 있다. PM의 핵심은 지나간 시간보다 앞으로 남아있는 시간에 집중하는 데 있다. PM은 현재와 내일에 무엇을 해야 하고 해야 할 일이 무엇인지, 몇 개월 후 어떤 일이 닥칠지를 프로젝트 참여자에게 확인시켜 줌은 물론 예고해 줄 수 있어야 한다. 이것이 가능해지려면 '계획(planning)'이 앞서야 하며, 계획의 완성도를 높이고 실수를 줄이기 위해서는 '전략적 접근(strategic approach)'이 필요하다. 준공도면은 있어도 준공공정표를 찾기 어렵다는 사실로도 PM은 앞길에 있지 지나간 길은 의미가 없음을 알 수 있다. 필자의 경험으로도 단 한 번도 준공 CPM 공정표를 접해 본 적이 없다.

선진국일수록 프로젝트의 크기와 무관하게 발주기관은 물론 사업 참여기관 전체가 PM을 당연시 하는 것도 소득수준과 무관하지 않다. 우리나라는 2018년을 기점으로 개인소득이 3만달러를 넘어섰다. 지식과 지혜, 즉 무형의 가치를 인지하기 시작한 것으로 판단된다. 산업계는 물론 정부도 PMC를 우리나라의 해외 전략 상품으로 내세우기 시작한 것도 이런 맥락으로 이해된다. 설계 및 시공은 다양한 기술 조합으로 자동화가 부분 혹은 전부 가능하지만 전략과 계획 기술, 즉 지식과 지혜기반 기술은 AI로도 사람의 역할을 상당기간 대체하기 어려울 것으로 추정된다. 한국의 20 · 30 청년들이 도전해 볼만한 전문직인 직업 경로라 생각된다.

국내에서 흔히 인식하는 메가 프로젝트 개발에 건설공사의 화수분 역할은 더 이상 부가가치가 없다. 하지만 PM과 PMC 시장은 전 세계 시장을 화수분으로 만들어 낼 수 있다. 2021년 기준 전 세계 연간 건설투자

시장은 약 13조달러 이상일 정도로 단일 산업 중 가장 크고 확실한 상설 시장이다. 우리나라가 보유한 가장 확실한 자원은 인적자원이다. 전 세계 건설투자 시장을 우리나라의 화수분으로 만들어내기 위해 인적자원을 무기화시키면 충분히 가능하다. PM은 다양한 기술과 전문지식이 필요하다. 메가 인프라 개발 프로젝트를 성공시키기 위한 PM은 공학은 물론 사회과학, 인문과학 전문기술과 경험을 절대적으로 필요로 한다. 전문기술이 융합되어 새로운 직무를 만들어내는 것이 PM이다. 건설기술만의 독과점 시장이라는 인식에서 빨리 벗어나야 한다.

PM 시장을 인위적으로 만들어 내기 위해 국내에서 흔히 동원하는 법과 제도 개발은 답이 아니다. PM은 시스템 기반이다. 메가 프로젝트는 물론 작은 규모의 프로젝트에도 PM은 필요하다. PM을 시장으로 인식하기 전에 먼저 PM이 요구하는 전문지식(professional knowledge)을 축적해야 한다. 국내 건설의 경우 상당한 수준의 직무전환과 직무 융합이 필요하다. 이 책을 읽고서도 아직도 왜 PM인가에 대한 의문을 가지고 있다면 필진의 해설 역량 미흡으로 인정해야 할 것 같다. 공공 발주기관 임직원들이 이 책을 통해 PM이 자신들의 고유 직무임을 이해했다면 이 참고서가 목표하는 역할은 충분히 했으리라 믿는다. PM을 이해했다면 다음 단계는 '언제(when), 어떻게(how), 누가(who)' 고민에 대한 해답을 찾아야 한다. 자신이 조직 내 역량으로 충분히 소화 할 수 없다면 다음 단계는'어떤 수준(how much), 누구에게(who)'에 위탁하여 드림팀을 구축할 것인지를 구상하는 공공기관 내 절차를 수립하는 수준까지 가야 한다.

참고문헌

1. 이기획재정부(2020), 2020년 민간투자사업기본계획

2. 기획재정부(2021), 2021년 민간투자사업기본계획

3. 김예상(1999), construction management이란 무엇인가?, 보성각

4. 김종훈(2020), 프리콘: 시작부터 완벽에 다가서는 일, 엠아이디

5. 김한수, 미국 CM협회, 한미파슨스(2010), 미국 Construction Management A to Z : '이것이 미국 CM이다', 기문당

6. 매일경제신문(2015), 2015 다보스 리포트

7. 매일경제신문(2016), 2016 다보스 리포트

8. 매일이코노미(2020), 2021 대예측, 매일경제신문사

9. 부안군(2020), 부안 · 변산에 반하도다 (관광팜플렛)

10. 새만금개발청(2021), 새만금 종합사업관리 참고자료

11. 조성민 (2021), 스마트 건설기술과 산업의 디지털 전환, 스마트 건설기술 컨퍼런스 발표

12. 이복남 외 4명(1999), 2002년 월드컵경기장 건설 현안 분석 한국건설산업연구원 내부 보고서, 1999.04.30.

13. 이복남, 김대호, 우성권, 정영수(2001), 건설사업관리 비용 산정, 한국건설산업연구원

14. 이복남(2005), 고속철도(초대형철도) 건설사업 PMC 경험의 재구성 : 해외 PMC 시장 진출 전략 개발을 위한 경험 사례와 시사점, 서울대학교 출판문화원

15. 이복남(2001), 월드컵경기장건설사업 자문보고서

16. 이복남(2001), 입 · 낙찰 및 계약제도에 대한 평가, 건설저널, 2001. 12월호, 한국건설산업연구원

17. 이복남(2020), 세계 최고의 공항이 된 인천국제공항의 건설사업을 성공으로 이끈 PMC 이야기, 서울대학교 출판문화원

18. 인천국제공항공사 외 국내 · 외 3개사(2001), 인천국제공항건설(1단계) 사업관리 최종보고서

19. 한경비즈니스 (2008), 경부고속도로 '끌고.. 올림픽 '밀고, 2008.08.13

20. 한국원자력산업회의(1991), 원전건설 기술자립 추진실적 평가 요약 보고서

21. 한국전력기술 외 3개 기관(2001), 인천국제공항건설(1단계) 사업관리 최종보고서

22. 한국전력기술(2016), 한국전력기술 40년사, 열정, 성실, 도전의 위대한 여정

23. 한국건설산업연구원 · 행정중심복합도시건설청(2007), 행정중심복합도시 사업관리방안 수립 연구 I 최종보고서

24. Abu Dhabi Urban Planning Council (2007), Plan Abu Dhabi 2030 (Urban Structure Framework Plan)

25. Bent Flyvbjerg (2017), The Oxford Handbook of Megaproject Management, Oxford University

26. Boston Sunday Globe (1994), 'What went wrong?', 1994.08.03.

27. ISO(2010), ISO 25100 Guidance on Project Management

28. National Academy of Engineering, National Research Council, Transportation Research Board(2003), Completing the "Big Dig": Managing the Final Stages of Boston's Central Artery/Tunnel Project, The National Academies Press

29. Oliver Wyman(2018), Digitalization of the Construction Industry : The Revolution is Underway, MARSH &McLENNAN COMPANIES

30. PMI(2000), Construction Extension to A guide PMBOK, Project Management Institute

31. PMI(2001), Practice Standard for Work Breakdown Structure, Project Management Institute

32. PMI DPC SIG(2004), PMBOK-construction extension

33. PMI(2018), Project Management Body of Knowledge (PMBOK) Guide 6th, Project Management Institute

34. Sargent & Lundy(1991), Korea Power Engineering Company Evaluation Report(SL-4672)

35. TAKENAKA (2017), Design-build approach to Soccer stadium project, The 2017 International Conference of Construction Project Delivery Methods and Quality Ensuring System

36. The City of Chicago Department of Public Works(1990), Joint Venture Procedures for the Southwest Transit Construction Project

37. www.pmi.org

38. www.simcity.com

39. http://epsis.kpx.or.kr/epsisnew/

디지털시대에 부상하는 PM 사용법

– 흔한 질문, 그러나 명쾌한 대답

인쇄일 2021년 12월 24일

발행일 2021년 12월 31일

지은이 이복남, 이슬기

펴낸곳 서울대학교 건설환경종합연구소

펴낸이 김재영

주소 서울 관악구 관악로 1

대표전화 02-880-4315~7

팩스 02-885-1081

이메일 icee1@snu.ac.kr

홈페이지 www.icee.re.kr

만든곳 대한경제

주소 서울 강남구 언주로 711

대표전화 02-515-7320~2

홈페이지 www.dnews.co.kr

ISBN 979-11-88761-75-3

ⓒ 서울대학교 건설환경종합연구소 · 2021

※ 이 책은 저작권법에 의해 보호를 받는 저작물이므로 어떤 형태의 무단전제나 복제를 금합니다.

등록 제2-2호('62.11.21)